C.H.BECK WISSEN

in der Beck'schen Reihe

Die Urteile über den römischen Kaiser Konstantin I. reichen vom religiös indifferenten, egoistischen Machtmenschen bis zum Herrscher, dem eine besondere Offenbarung, eine himmlische Erleuchtung zuteil geworden und der fortan mit dem Feuergeist eines Kämpfers für die Sache Gottes eingetreten sei. In jedem Fall hat er durch seine Religionspolitik die entscheidenden Weichenstellungen für den Aufstieg des Christentums vorgenommen. In welcher Form und vor welchem persönlichen und politischen Hintergrund dies geschah, zeigt das vorliegende reizvolle Buch in großer Anschaulichkeit.

Manfred Clauss, geboren 1945 in Köln, ist Professor für Alte Geschichte. Er ist mit zahlreichen Schriften zu Staaten, Gesellschaften und Religionen in der Alten Welt hervorgetreten.
Von ihm sind bei C. H. Beck lieferbar: in der Reihe C. H. Beck Wissen *Das Alte Israel* (^{3}2008) und *Kleopatra* (^{3}2003), zudem hat er den Band *Die römischen Kaiser* (^{3}2005) herausgegeben.

Manfred Clauss

KONSTANTIN DER GROSSE

UND SEINE ZEIT

Verlag C. H. Beck

Mit 6 Abbildungen, 2 Stammtafeln und 2 Karten

1. Auflage. 1996
2., aktualisierte Auflage. 2005
3., aktualisierte Auflage. 2007

4. Auflage. 2009

Originalausgabe

Gesamtherstellung: Druckerei C. H. Beck, Nördlingen
Umschlagabbildung: Konstantin der Große, Aureus.

Umschlagentwurf: Uwe Göbel, München
Printed in Germany
ISBN 978 3 406 59627 8

www.beck.de

Inhalt

Vorwort 7

1. Die Abkehr von den alten Göttern (326 n. Chr.) . . . 9

2. Das Umfeld Konstantins 13

3. Familie und Jugend 18

4. Die Übernahme der Macht und der Kampf um den Westen 21

5. Das Toleranzedikt des Galerius gegenüber den Christen 27

6. Visionen und Siege 33

7. Der Kampf um den Osten 42

8. Die Zeit der Alleinherrschaft 49

9. Ordnung und Neuordnung des Staates 58
   a) Der Hof 58
   b) Der Staat 64

10. Ordnung und Neuordnung des Kultes 72
    a) Das Heidentum 73
    b) Das Christentum 77

11. Konstantinopel 89

12. Taufe, Tod und Bestattung 94

13. Der Glaube Konstantins 99

14. Eusebius, der Biograph Konstantins 104

15. Konstantin und das Abendland 111

Stammbäume 116

Zeittafel 118

Kommentierte Kurzbibliographie 120

Verzeichnis der Abbildungen 123

Register 124

Abb. 1: Das Imperium Romanum

Vorwort

Nur wenige antike Persönlichkeiten sind in der modernen Forschung so häufig und so kontrovers diskutiert worden wie Konstantin (der Große). Die Urteile über diesen Herrscher reichen vom religiös indifferenten „egoistischen Machtmenschen, der alle vorhandenen physischen und geistigen Mächte mit Besonnenheit zu dem Zweck benutzt, um sich und seine Herrschaft zu behaupten" (J. Burckhardt), bis zum Herrscher, dem „eine besondere Offenbarung, eine himmlische Erleuchtung ... den Weg gewiesen hat" und der von da an „mit dem Feuergeist des Kämpfers, der sich als Knecht Gottes fühlt", für das Christentum eintritt (J. Vogt).

Im Zentrum dieser leidenschaftlich geführten Diskussion steht die Religiosität Konstantins, des ersten ‚christlichen' Kaisers, und betrifft eben insbesondere das Christsein. Diese Grundthematik seines Lebens hat bis heute nichts von ihrer Faszination eingebüßt. Die christlichen Kulte – man sollte den Plural verwenden – waren im Osten des römischen Reiches weitaus stärker verbreitet als im Westen, wo die Aristokratie und vor allem das Heer noch lange heidnisch blieben. Konstantin war sicherlich kein Opportunist, als er begann, sich als Christ zu verstehen, und den Schutz des Reiches dem christlichen Gott anvertraute. Es ist kurzsichtig, bei jeder Handlung Konstantins, insbesondere wenn sie Christen betraf, nachweisen zu wollen, ob er sie aus Frömmigkeit oder Berechnung getan hat; beides zusammen ergibt erst ein vollständiges Bild. Der persönliche Anteil an dieser Entscheidung des Herrschers wird für uns nie greifbar sein; aber es lassen sich immerhin Aspekte zeigen, die seine Entscheidung verständlich machen.

Konstantin war Christ, dies ist für alle antiken und modernen Autoren eine unumstößliche Tatsache, vielleicht sogar die einzige, auf die sich alle verständigen können; allerdings ist es nur schwer festzumachen, wie sein Christentum aussah, was er unter dem Begriff ‚Christ' verstand. ‚Glaube' verstehe ich daher in Bezug auf die öffentlich vorgetragenen Äußerungen des Herrschers und nicht auf seine innere Einstellung. Aber sein Christentum, wie auch immer es aussah, hatte Konsequenzen für jegliche Beurteilung seiner Handlungen. Heiden versuchten, den Kaiser in möglichst schlechtem Licht zu zeigen, ihn mit möglichst dunklen Farben zu malen. Christen zeichneten und überzeichneten seinen Charakter und sein Wirken in anderer Hinsicht. Welches Bild trifft zu? Trifft überhaupt eines zu? Und wenn der heutige Historiker sorgsam auswählen muß, aus welcher Darstellung er welche Elemente als zuverlässig herausliest, wer gibt ihm die Maßstäbe an die Hand? Christliche wie heidnische Autoren verarbeiteten Topoi bei der Darstellung der Lebensumstände Konstantins. Die entsprechenden Motivationen für die eine oder andere Sichtweise sind noch einigermaßen zu erkennen, aber menschliches Leben und Handeln besteht nun einmal weitgehend aus Topoi, und deshalb ist nicht alles, was sich als christlich oder heidnisch geprägt entlarven läßt, notwendigerweise falsch. So kann eigentlich am Ende eines solchen Vorworts nur eine Erkenntnis, fast möchte ich sagen ein Bekenntnis, stehen: Dies ist Konstantin, so wie ich ihn sehe.

Ein Wort zur Schreibweise ‚Konstantin': Sie hat sich im Deutschen eingebürgert und erleichtert es obendrein, die ohnehin oft identischen Namen auseinanderzuhalten, also Konstantin von seinem Sohn Constantin II. zu unterscheiden. Lediglich bei lateinischen Ausdrücken und der Übersetzung von Inschriften behalte ich die Schreibweise mit ‚C' bei. Ich spare mir sowohl das Konstantin ‚I.' als auch das Konstantin ‚der Große'.

1. Die Abkehr von den alten Göttern (326 n. Chr.)

Rom im Sommer des Jahres 326. Eine bleierne Hitze dürfte damals über der Stadt gelegen haben, wie es heutzutage in diesen Monaten nicht anders ist. Konstantin, seit fast zwei Jahren Herrscher des gesamten Reiches, kam in den Westen, in die Hauptstadt des Weltreiches, um hier die Vicennalien, die Feier seiner zwanzigjährigen Regierungszeit, die er im Jahr zuvor im Osten, in Nikomedien, begangen hatte, zu wiederholen. Es war sein dritter Besuch am Tiber, und dieser hätte prachtvoller ausfallen sollen als die beiden früheren. Erstmals hatte Konstantin Rom 312 betreten, nach jener denkwürdigen Schlacht an der Milvischen Brücke vor den Toren der Stadt, die ihm die Kontrolle über den Westen gesichert hatte. 315 war er hierhin zurückgekehrt, um die Decennalien, die Feiern anläßlich seines zehnjährigen Regierungsjubiläums, zu begehen. Nun beherrschte er den Erdkreis und suchte jene Stadt wieder auf, wo einst in der Hütte des Romulus die Entwicklung des riesigen Reiches ihren Anfang genommen hatte.

Es war ein Akt höchster Feierlichkeit. Konstantin wurde von seinen beiden Halbbrüdern Dalmatius und Iulius Constantius begleitet. Wir besitzen kein direktes Zeugnis über den Festzug Konstantins, aber wir dürfen sicherlich zur Illustration des Ereignisses eine Beschreibung heranziehen, in der Ammianus Marcellinus den 30 Jahre später erfolgten Rom-Besuch Constantius' II. schildert (16, 10, 6–9):

„Er (der Herrscher) selbst saß allein auf einem goldenen Wagen, der im Glanz verschiedener bunter Edelsteine erstrahlte und mit dessen Glanz sich ein bestimmtes wechselndes Licht zu vermischen schien. Hinter den zahlreichen anderen, die voranschritten, umgaben ihn die aus Purpurfäden gewebten Drachenzeichen, die an den vergoldeten und mit Edelsteinen verzierten Spitzen der Lanzen befestigt waren. Sie blähten sich mit weit geöffnetem Rachen und daher zischten sie wie durch Zorn gereizt, und die Windungen ihrer Schweife schlängelten sich im Wind. Zu beiden Seiten (des Herrschers) schritt eine doppelte Reihe Bewaffneter mit Schild und Helmbusch einher, strahlend im Glanz der schimmernden Panzer, dazwischen Panzerreiter ... Und so wurde der Kaiser mit glückverheißenden Zurufen begrüßt."

So hätte es auch 326 sein können; doch es kam ganz anders. Der ausführlichste Bericht über den Rom-Besuch Konstantins in diesem Jahr stammt von dem griechischen Redner Libanius, der ihn allerdings erst 387 verfaßte (*Oratio* 19, 19): „Als nämlich das römische Volk ihn (Konstantin) einmal mit äußerst frechen Ausrufen attackierte, fragte er seine (beiden) Brüder, was zu tun sei. Der eine sagte, man müsse ein Heer gegen sie (die Leute) schicken und sie niedermachen, er selbst werde es anführen, der andere, daß es einem Herrscher entspräche, derartige Vorfälle nicht wahrzunehmen. Der eine rate das Notwendige, entgegnete (Konstantin), jener Grausame nütze dagegen einem Herrscher nichts." Es gab also keinen Jubel der Massen, sondern Beschimpfungen, welche die Festtagslaune Konstantins gründlich verdarben.

Und diesen Vorgang bestätigt der heidnische Historiker Zosimus in der zweiten Hälfte des 5. Jahrhunderts (2, 29, 5): „Als das traditionelle Fest sich ereignete, währenddessen das Heer zum Kapitol hinaufgehen und die üblichen Riten vollziehen mußte, nahm Konstantin, weil er die Soldaten fürchtete, an dem Fest teil. Als ihm aber der Ägypter eine Eingebung sandte, die den Aufstieg zum Kapitol hemmungslos schmähte, entfernte er sich von der heiligen Zeremonie und zog sich dadurch den Haß des Senats und des Volkes zu." Der Ausdruck ‚Ägypter' wird von Zosimus zur Charakterisierung eines verschrobenen Menschentyps verwendet, wie es ihn in allen Kulturen und Sprachen gibt. In diesem Fall war es wohl ein Christ, ein ‚Spinner aus Spanien', wie Zosimus an anderer Stelle schreibt, der für die Eingebung verantwortlich war.

Es handelt sich hierbei um jenen berühmten Gang zum Kapitol – wo sich das bedeutendste römisch-heidnische Staatsheiligtum befand –, den Konstantin, folgt man vielen modernen Historikern, aufgrund seines Christentums unterlassen haben soll. Zosimus datiert die Begebenheit auf das

Jahr 326, lediglich manche heutigen Historiker wollen unbedingt eine Verbindung zur sogenannten Bekehrung Konstantins im Jahre 312 herstellen und datieren das Ereignis folglich fast anderthalb Jahrzehnte zurück; unnötigerweise, wenn man die ‚Bekehrung' als das begreift, was sie wohl in Wahrheit war: ein langer und langsamer Akt und kein plötzliches Ereignis von der Qualität dessen, was man gemeinhin Saulus/Paulus zuschreibt.

Das Ereignis, der Rom-Besuch Konstantins in Begleitung zweier Brüder, in dessen Verlauf Bilder und Statuen des regierenden Kaiserhauses beschädigt oder zerstört wurden, und die Beleidigungen durch die stadtrömische Bevölkerung, dürfte historisch sein, die von Libanius in indirekter Rede wiedergegebenen Stellungnahmen des Herrschers und seiner Brüder allerdings nicht. Beratungen im Kronrat fanden unter Ausschluß der Öffentlichkeit statt, und deshalb erfand man gerne treffende Aussprüche berühmter Persönlichkeiten, um diese knapp zu charakterisieren: Konstantin, der milde Herrscher, Dalmatius, der zur Milde ratende Bruder, der mit wichtigen politischen Aufgaben betraut wurde, und der grausame Iulius Constantius, der nie eine Rolle in den Plänen Konstantins spielte.

Wie die verbalen Attacken gegen Konstantin aussahen, läßt sich teilweise ermitteln, teilweise erschließen. Vermutlich im Sommer 326 hatte bereits ein frecher Zweizeiler, der heimlich an den Palasttüren angebracht worden war, in Rom für einiges Aufsehen gesorgt. Sein Verfasser behauptete, neronische Zeiten seien mit Konstantin wiedererstanden, ein deutlicher Seitenhieb auf die Ermordung der Fausta und des Crispus, Sohn und Gattin Konstantins, auf Veranlassung des Herrschers im selben Jahr (Sidonius Apollinaris, *Brief* 5, 8): „Wer wünscht die goldenen Zeiten des Saturn zurück? Die heutigen sind (zwar) mit Edelsteinen geschmückt, aber (so schlimm wie die) des Nero!" Wenn sich darüber hinaus der Unwille in Rom in ‚Schimpfreden' äußerte, wird man sich darunter Akklamationen vorstellen dürfen, die seit alters her als Ausdruck der öffentlichen Meinung dienten und beispielsweise im Theater als rhythmisch vorgetragene Parolen einstudiert wurden. Wir kennen eine Reihe von positiven, freundlichen Akklamationen, wie etwa die folgenden für Claudius Gothicus (268–270), einen der ‚Vorfahren' des Konstantin (Scriptores Historiae Augustae, *Claudius* 4, 3): „‚Kaiser Claudius, die Götter mögen Dich bewahren!', sechzigmal wiederholt. ‚Kaiser Claudius, Dich als Herrscher oder einen, der Dir gleicht, haben wir uns schon immer gewünscht', vierzigmal wiederholt. ‚Kaiser Claudius, nach Dir verlangte der Staat!' vierzigmal wiederholt."

Ebenso konnte die Öffentlichkeit mit Hilfe derartiger Sprechchöre Kritik äußern. Konstantin verfügte 331 in einem Gesetz, daß man ihm fortlaufend über sämtliche Akklamationen Bericht erstatte; er wollte diese Bekundungen der Bevölkerung in seine Bewertung der Reichsbeamten einfließen lassen.

Der Konflikt zwischen dem Herrscher und der stadtrömischen Oberschicht, die in bewährter Weise ihre Klientel als Sprachrohr des eigenen Unwillens einsetzte, wurde dadurch ausgelöst, daß Konstantin an dem Festzug zum Kapitol zunächst teilnahm, ihn dann aber aufgrund der Einreden eines christlichen Bischofs vorzeitig verließ. Dabei zog das überwiegend heidnische Heer zum Kapitol, und Konstantin zog mit, bis man ihn zum Rückzug überredete. Dieser Affront gegen heidnische Kreise in Rom war dann offensichtlich der Tropfen, der das Faß zum Überlaufen brachte. Erheblichen Unmut dürfte es gerade in Rom erregt haben, daß Konstantin im Jahr zuvor dort mit Acilius Severus einen Christen als Stadtpräfekten, als höchsten Beamten der Stadt, eingesetzt hatte. Mit dem Verzicht zum Gang auf das Kapitol in Rom demonstrierte Konstantin in aller Öffentlichkeit, daß er für sich persönlich die Abkehr von den alten Göttern vollziehen wollte.

Um die Entscheidung zu verstehen und um die Entwicklung kennenzulernen, die zu ihr führte, müssen wir das Leben Konstantins Revue passieren lassen, indem wir uns zunächst das historisch-politische Umfeld vergegenwärtigen, in das er hineingeboren wurde.

2. Das Umfeld Konstantins

Die Wahl Diocletians zum Kaiser am 17. November 284 verlief so, wie es längst üblich war. Die hohen Offiziere einigten sich über die Person des Herrschers und stellten ihn nach Abschluß ihrer Verhandlungen der Heeresversammlung vor, welche die Wahl durch Zuruf bestätigte. Aufgrund der schwierigen militärischen Gesamtlage des Reiches entschloß sich Diocletian, den mit ihm befreundeten Maximianus als Feldherrn in den Westen zu schicken, während er selbst im Osten blieb. Als sich Maximianus im Westen militärisch bewährt hatte, proklamierte ihn Diocletian 286 zum *Augustus*, also zum Mitkaiser, wobei er sich selbst die Oberherrschaft vorbehielt. Er blieb die höchste Autorität in der Gesetzgebung und in den Finanzen, er war die Quelle der Autorität seines Kollegen. Er war es, der 293 die *Caesares*, die als Nachfolger der amtierenden Kaiser Vorgesehenen, sowie 305 die neuen *Augusti* und *Caesares* ernannte; schließlich sollte er 308 nochmals den Versuch einer Neuverteilung der herrscherlichen Titel unternehmen (S. 23). Auch die Beinamen, die sich beide Kaiser zulegten, brachten die Autoritätsunterschiede sinnfällig zum Ausdruck: *Iovius* und *Herculius*. *Iovius*, von Jupiter abgeleitet, kam dem an erster Stelle genannten *Augustus* zu, *Herculius* dem anderen, da ja Herakles/Hercules der Sage nach ein Sohn des Zeus/Jupiter war.

Den grundlegenden Schritt zur Neuordnung des Reiches taten beide Kaiser 293, als sie die Tetrarchie, die Viererherrschaft, ins Leben riefen: Constantius, der Vater Konstantins, und Galerius wurden zu *Caesares* erhoben und erhielten den Rang von Mitherrschern sowie präsumptiven Nachfolgern; ihre Ernennung sollte dem Auftreten von Usurpatoren vorbeugen. Die Tetrarchie als System beschreibt der zeitgenössische christliche Autor Lactanz, indem er Galerius für das Jahr 305 folgende Worte in den Mund legt (*Über die Todesarten der Verfolger* 18, 5): „... damit es zwei im Staat gibt, die die höchste Macht innehaben, weiter zwei Geringere, die zur Unterstützung da sind."

Beide *Caesares* wurden von ihren *Augusti* adoptiert, und so entstand eine fiktive Herrscherfamilie, deren Mitglieder eng miteinander verbunden wurden. Diocletian war ‚Bruder' des Maximianus, ‚Vater' des Galerius und ‚Onkel' des Constantius. Die Tetrarchen waren Glieder einer irdischen Familie, deren Band das Blut oder die Adoption hergestellt hatte, und gleichzeitig Glieder einer göttlichen Familie, zu der sie als Herrscher gehörten. Die Künstler der Zeit brachten die Familienzugehörigkeit durch Ähnlichkeit der Gesichtszüge zum Ausdruck. Auf der Tetrarchenbasis des Forum Romanum oder bei den Porphyrstatuen in Venedig sind die *Augusti* von den *Caesares* lediglich durch den Bart als Zeichen höheren Alters unterschieden.

Mit der Ausgestaltung dieser Tetrarchie war die Nachfolge vorab dadurch geregelt worden, daß man den Rücktritt der *Augusti* für einen bestimmten Termin festlegte. In Zukunft, so sah es jedenfalls der Plan vor, sollte die Tetrarchie die Regel sein und die Auswahl der Besten als Thronfolger gewährleisten. Jeder der vier erhielt einen Herrschaftsbereich zugewiesen, doch blieben die *Caesares* prinzipiell den beiden Kaisern unterstellt. Die neue Einteilung des Imperium bedeutete noch keine Reichsteilung, denn jeder *Augustus* konnte über seinen Bereich hinausgreifen, und Diocletian blieb der oberste Machthaber. Die Verteilung der vier Bereiche sah wie folgt aus (vgl. Abb. 4 S. 68): Diocletian behielt den Orient, sein *Caesar* Galerius erhielt die Donauprovinzen von Noricum bis zur Donaumündung. Maximianus regierte Italien, Africa und Spanien, dessen *Caesar* Constantius Gallien und Britannien, das er sich allerdings erst noch von einem Usurpator zurückerobern mußte. Entsprechend der irdischen Gruppierung erfuhr auch die ‚himmlische' ihre Ausgestaltung: Neben Jupiter und Hercules traten Sol und Mars als Schutzgottheiten des Constantius und Galerius.

Eine wichtige Neuerung Diocletians und seiner Mitregierenden bestand darin, daß sie die Legitimation ihrer Herrschaft mit einer systematischen Herrschertheologie begründeten, die zur Stabilisierung des Kaisertums erheblich beitrug.

Die Herrscher bezogen sich und ihre Macht auf die traditionellen Götter und verbanden dieses Selbstverständnis mit dem völlig neuen Anspruch, allein dafür verantwortlich zu sein, die Kommunikation mit den Göttern zu regeln und die religiösen Beziehungen in Ordnung zu halten. Das entscheidend und einschneidend Neue war, daß die Herrscher für sich das Recht beanspruchten, den Weg und die Wahrheit allein zu kennen und zu regeln.

Die seit Jahrhunderten überlieferte römische Religion galt als Grundlage, auf der die gesamte Ordnung des Lebens, auf der der Staat ruhte. Nur im Festhalten an dieser tradierten religiösen Ordnung schien gewährleistet, daß die Götter weiterhin das Heil der Gemeinschaft garantierten. In einem Ehegesetz begründete Diocletian beispielsweise ein altes Inzestverbot damit, daß es auf göttlichem Gebot beruhe, welches der Kaiser schützen müsse, um dem Reich den Segen des Himmels zu erhalten. Noch deutlicher wurde der führende Herrscher der Tetrarchie, als er die religiöse Strömung des Manichäismus verbot. Diese Religion, zudem aus dem feindlichen Perserreich in das Gebiet des *Imperium Romanum* eingedrungen, war eine Neuerung und stiftete erhebliche Unruhe; so sah es jedenfalls Diocletian. Dagegen mußte er einschreiten (*Fontes Iuris Romani Anteiustiniani* 2, 580): „Die unsterblichen Götter haben in ihrer Vorsehung gnädig angeordnet und verfügt, was gut und wahr ist ...; dem nicht im Wege zu stehen und sich ihm nicht zu widersetzen, ist göttliches Gebot, und von einer neuen darf die alte Religion nicht getadelt werden." Folglich wurden jene neuen Religionen, die, wie eben auch das Christentum, die alten ‚tadelten' oder angriffen, verfolgt.

Die Tetrarchie und mit ihr das gesamte Imperium, dies zeigten bereits die Zuordnungen einzelner Götter, sollten durch einen Staatskult gestärkt werden. Spätestens seitdem Cicero festgestellt hatte, daß die Römer sich von anderen Völkern vor allem durch ihre Religiosität unterschieden (*Über die Natur der Götter* 2, 8), galten gemeinsame Kulthandlungen ‚aller' Bewohner des römischen Reiches als eine wesentliche Voraussetzung für die Existenz und das Wohlergehen des Staates. Diese Grundhaltung ging einher mit einer größtmöglichen Toleranz des Staates gegenüber den privaten religiösen und kultischen Vorstellungen und Praktiken seiner Bürger. Letzteres hatte zu einer verwirrenden Menge von Kulten und Philosophien geführt, die dem Menschen Hilfe bei der Bewältigung des Lebens, aber auch seine Befreiung aus dem Zwang irdischer Verhältnisse versprachen. Zahllose Götter standen zur Verfügung. Der Kirchenhistoriker Socrates überliefert einen Ausspruch des bedeutenden heidnischen Philosophen Themistios (317–388), es habe in der Mitte des 4. Jahrhunderts mehr als 300 verschiedene Kulte gegeben, weil, so dessen Begründung, „Gott auf unterschiedliche Weise verehrt werden möchte" (*Kirchengeschichte* 4, 32). Alle diese Götter stellten gleichsam ein Angebot an die Menschen dar, die auf dem Markt der Götter auswählten; je nach Zeit, Geld und Interesse konnte man sich etwa in einer oder mehreren Mysteriengemeinschaften engagieren. Es war eine der Grundüberzeugungen, daß es nicht nur einen Weg zur Wahrheit gebe, wie es Symmachus (um 345–405) gegen Ende des 4. Jahrhunderts in einem ‚Vortrag' als Replik auf christliche Ansprüche formulierte (*Relatio* 3, 10).

Die eingangs geschilderte Grundforderung des Staates nach kultischem gemeinsamem Handeln aller Reichsbewohner bezog sich auf den Kaiserkult und ließ dem daneben existierenden privaten Engagement jeden Freiraum. Traten politische Schwierigkeiten auf, wie beispielsweise in der Mitte des 3. Jahrhunderts unter Decius (S. 27), so konnte ein Herrscher die wesentliche Grundlage staatlicher Existenz stärken oder neu herstellen, indem er alle Untertanen aufforderte, ihre Treue zum Staat(skult) zu bekunden. Erst wenn dies verweigert wurde, drohten dem einzelnen oder den Institutionen, die dies ablehnten, Sanktionen. Die Christen verweigerten gelegentlich solche öffentlichen Bekundungen. Sie bekannten sich zwar zum Staat und zum Kaiser als von Gott eingesetzter Autorität, verwarfen aber kultische Handlungen für den Kaiser als Idolatrie, als Götzendienst; jedenfalls votierten so die führenden Christen, die wir Kirchenväter nennen. Es gebe nur einen Gott, so formulierten sie es immer und immer wieder, folglich entfalle für einen Christen die Freiheit der Wahl auch anderer Götter. Der Konflikt mit den Herrschern der Tetrarchie war damit vorprogrammiert. Er mündete in die 303 beginnende erste wirkliche, im Osten weitgehend systematisch betriebene Christenverfolgung, die 311 durch ein Edikt des Galerius ihr Ende fand (S. 27–32).

305 gab Diocletian, wie dies bereits lange vorgesehen war, vor einer Heeresversammlung seine Abdankung bekannt. Er legte den Purpur ab und bekleidete mit ihm seinen bisherigen *Caesar* Galerius, der damit die Stellung eines *Augustus* erhielt. Am gleichen Tag trat auch Maximianus zurück und ernannte Constantius zum *Augustus*. Beiden neuen Kaisern traten neue *Caesares* an die Seite: Severus im Westen und Maximinus Daia im Osten. Das diocletianische System, das sich hier noch bewährt hatte, brach bereits im nächsten Jahr zusammen, als Constantius 306 in Britannien starb, woraufhin das dort versammelte Heer den Sohn des Constantius, Konstantin, zum *Augustus* ausrief.

3. Familie und Jugend

Betrachtet man die Stammbäume der Tetrarchen (Abb. 9 S. 116), so fällt auf, daß wir von keinem der vier ersten Herrscher auch nur einen Elternteil kennen. Dies gilt folglich auch für Constantius, den Vater Konstantins; erst nach seinem Tod konstruierte sein Sohn die Abstammung von dem Kaiser Claudius Gothicus (268–270; S. 25). Constantius, dem später die Byzantiner den Beinamen ‚Chlorus', der Blasse, gaben, hatte eine einflußreiche Stellung am Hof des Maximianus; wahrscheinlich war er damals Prätorianerpräfekt (vgl. S. 65) und hatte militärische Erfolge über die Franken errungen. Er war mit Maximianus verschwägert, seitdem er dessen Stieftochter Theodora geheiratet hatte. Aus dieser einzigen Ehe des Constantius stammten sechs Kinder, die Söhne Dalmatius, Iulius Constantius und Hannibalianus sowie die Töchter Constantia, Eutropia und Anastasia, allesamt Halbgeschwister des aus einer früheren unehelichen Verbindung hervorgegangenen Konstantin (vgl. Abb. 10 S. 117).

Die persönlichen Leistungen des Constantius wie seine engen Bindungen an Maximianus dürften gleichermaßen ausschlaggebend dafür gewesen sein, daß der *Augustus* Diocletian ihn 293 adoptierte und zum *Caesar* ernannte. Sein Wirkungsgebiet war der gallische Reichsteil mit den Residenzen Trier und York, wo vor allem die militärische Aufgabe auf ihn wartete, die unter Carausius (286–293) vom Reich getrennten Gebiete Galliens und Britanniens für die beiden *Augusti* zurückzugewinnen. Nach mehrjährigen Kriegsvorbereitungen gelang 296 die Rückeroberung Britanniens. Im darauffolgenden Jahr kontrollierte Constantius für kurze Zeit auch Italien, als Maximianus in Afrika weilte, um dort die Mauren zu bekämpfen.

Seit Ende 297 blieb Constantius dann allerdings in seinem Reichsteil, zu dem noch die iberische Halbinsel gehörte. In die Jahre bis 305 fallen eine Reihe von militärischen Auseinandersetzungen mit den Franken und Alamannen. Bei den reichsweiten Christenverfolgungen, die 303 begannen, ließ auch Constantius in seinem Reichsteil die Kirchen niederreißen, angeblich aber keine Todesurteile gegen die Gläubigen vollstrecken, ohne daß dies irgendwelche Konsequenzen für ihn hatte. Als Diocletian und Maximianus am 1. Mai 305 absprachegemäß abdankten, rückten die beiden *Caesares* in die Positionen der *Augusti* ein; damit wurde Constantius als der ältere *Caesar* der ranghöhere *Augustus*. Diese beiden neuen *Augusti* erhielten wiederum je einen *Caesar*: Dem Galerius wurde der Sohn seiner Schwester, Maximinus Daia, zugeordnet und dem Constantius der bisher unbekannte Severus. Dies war die zweite Tetrarchie, geschaffen aus dem Wunsch, die mit einem Herrscherwechsel oft verbundenen Bürgerkriege zu vermeiden. Wenig später traf der älteste Sohn des Constantius, der sich bislang im Osten aufgehalten hatte, in Britannien ein.

Dieser Konstantin war an einem 27. Februar irgendwann zwischen 270 und 288 in Naissus in Moesien, heute Nis in Serbien, geboren worden. Die damalige Stellung seines Vaters ist unbekannt, seine Mutter war Helena, eine Stallmagd, die aus Bithynien an der südlichen Schwarzmeerküste stammte. Konstantin, so schreibt der byzantinische Mönch Zonaras im 12. Jahrhundert trotz seiner Verehrung für den „unter den Rechtgläubigen berühmtesten" Herrscher, war das „Nebenprodukt erotischer Gelüste" (13, 1, 4). Aus solchen und ähnlichen Hinweisen geht mit ziemlicher Sicherheit hervor, daß Konstantins Eltern nie verheiratet waren. Es war nicht unbedingt die niedrige oder anrüchige Herkunft Helenas, bei deren ‚Beruf' man eigentlich erwartete, daß sie zu allem bereit war, durch die Konstantin diskreditiert wurde, sondern die Illegitimität: Konstantin war ein Bastard, und dies wurde später vor allem von Iulian herausgestellt. Der Kaiser von 361 bis 363 sah sich als der wahre Erbe des Constantius, Abkömmling aus dessen standesgemäßer und vor allem legitimer Verbindung mit der Kaisertochter Theodora. Dementsprechend sei auch Konstantin nicht der rechtmäßige Thronfolger gewesen, sondern dessen Halbbruder Iulius Constantius, der Vater Iulians.

Als Constantius später Theodora heiratete, verschwand Helena aus seiner Umgebung. Auch bei den antiken Historikern taucht sie erst wieder auf, als Konstantin Alleinherrscher geworden war (S. 49). Wie wenig Konstantin selbst in seiner Jugend Kontakt zu seiner Mutter hatte, erweist sich vielleicht aus der Tatsache, daß er das Griechische, seine ‚Muttersprache', selbst nicht beherrschte und sich später im griechischen Osten eines Übersetzers bedienen mußte.

Über Konstantins Kindheit und Jugend wissen wir nichts; symptomatisch ist vielleicht, daß wir allein vier Vornamen für ihn zur Auswahl haben: Caius, Lucius, Marcus und Titus. Als Eusebius, der christliche Biograph und Zeitgenosse Konstantins, sich daran machte, das Leben seines Helden zu beschreiben, hatte er bereits keinerlei Informationen mehr oder besaß zumindest keine, die in sein Bild des Helden paßten. So skizzierte er holzschnittartig eine Entwicklung, die er den alttestamentlichen Erzählungen über Moses nachempfand. Eusebius wußte lediglich, daß Konstantin seine Kindheit und Jugend bei den Mitregenten seines Vaters verbracht hatte. Er will ihn kennengelernt haben, als Konstantin wohl 296 mit Diocletian durch Palästina zog, auf dem Weg, um einen Aufstand in Ägypten niederzuschlagen. Lactanz weiß darüber hinaus noch beizusteuern, daß Konstantin als Anführer bei den Reitern des Galerius diente; als die beiden *Augusti* Diocletian und Maximianus 305 abdankten und Constantius und Galerius nachrückten, ging Konstantin, wie erwähnt, zu seinem Vater nach Britannien. Dort unternahmen Vater und Sohn noch gemeinsam einen Feldzug gegen Picten und Scoten, nach dessen Abschluß Constantius erkrankte und am 25. Juli 306 in Eboracum/York verstarb.

4. Die Übernahme der Macht und der Kampf um den Westen

Wer heute die Kathedrale in York besucht, dem zeigt man mit großem Stolz in einem Ausstellungsraum unter dem Boden der Kirche jenen Ort, an dem im Jahre 306 ‚Weltgeschichte' geschrieben wurde. Dort befindet man sich an der Stelle des römischen Statthalterpalastes, und hier dürfte es in der Tat gewesen sein, daß die Truppen Britanniens den Sohn des verstorbenen *Augustus* Constantius, also Konstantin, noch am Todestag seines Vaters, am 25. Juli 306, zum *Augustus* ausriefen.

Das System Diocletians scheiterte an der Tatsache, daß nicht alle *Augusti* bereit waren, sich so problemlos von ihrer Macht zu trennen wie dessen Erfinder selbst. Es scheiterte ferner daran, daß einige *Augusti* Söhne besaßen, welche eher dem erprobten Verfahren der dynastischen Nachfolge anhingen, als Überlegungen darüber anzustellen, wer der Beste im Reich sei; bereits das sogenannte Adoptivkaisertum des 2. Jahrhunderts war nur eine Notlösung gegenüber dem dynastischen Prinzip gewesen.

Die angebliche Auswahl der Besten, die ideologisch das Verfahren stützen sollte, verfing gerade bei den Truppen nicht, die mehr auf die Kontinuität der Familientradition setzten. Unter den Prämissen des diocletianischen Systems war die Erhebung Konstantins allerdings eine Usurpation. Konstantin ließ seinen verstorbenen Vater, einer jahrhundertealten Tradition gemäß, unter die Götter aufnehmen. Während der Leichnam auf dem Scheiterhaufen verbrannte, erhob sich – aus einem Käfig freigelassen – ein Adler in die Lüfte, der den Aufstieg des Toten in den Himmel symbolisieren sollte. Constantius war damit Gott, Konstantin Sohn eines Gottes.

„Sobald Kaiser Konstantin die Herrschaft übernommen hatte, war es seine erste Sorge, die Christen ihrer Religionsübung und ihrem Gott zurückzugeben. Dieser Herstellung der heiligen Religion galt seine erste Verordnung." Innerhalb der

Quellenzeugnisse über das Verhältnis Konstantins zu den christlichen Kulten ist diese Bemerkung des Lactanz, die sich auf das Jahr 306 bezieht, völlig singulär (*Über die Todesarten der Verfolger* 24, 9). Auffällig ist, daß Eusebius, der auch die kleinste pro-christliche Regung Konstantins vermerkt, hiervon nichts weiß. Es muß wohl offenbleiben, was Lactanz meint; vielleicht duldete Konstantin bereits damals die christlichen Kulte gemäß seiner Devise, daß man niemanden zu einem bestimmten Glauben zwingen dürfe (S. 101).

Bei den auf die Usurpation Konstantins folgenden Auseinandersetzungen um die Macht gab es zwar zeit- und zweckgebundene Koalitionen, man wird aber nicht fehl in der Annahme gehen, daß letzten Endes alle das gleiche Ziel vor Augen hatten: die Alleinherrschaft. Unterschiedlich waren wohl die jeweilige Energie und Risikobereitschaft beziehungsweise der Wille zur Aggression. Hierin übertraf Konstantin, der Britannien, Gallien und Spanien kontrollierte, seine Konkurrenten bei weitem. Nach mehreren Bürgerkriegen sollten sich 312 Konstantin im Westen und Licinius im Osten durchsetzen, ehe dann 324 Konstantin gegen Licinius die Alleinherrschaft erkämpfte (S. 42–48).

Mit dem Tod des Constantius war Galerius automatisch ranghöchster *Augustus*, der bisherige *Caesar* des Constantius, Severus, rückte ebenso automatisch zum neuen *Augustus* auf. Konstantin bat Galerius, ihn als Mitherrscher zu akzeptieren. Um wenigstens Reste der Tetrarchie zu wahren, erkannte Galerius Konstantin als *Caesar* des Severus an; es bestand auch kaum die Aussicht, Konstantin ohne größere Verluste zu beseitigen. Doch auch diese Kompromißlösung hatte nur wenige Monate bestand. Als Galerius, der Rom nie betreten hat, dort die Stärke der Prätorianerkohorten, der kaiserlichen Leibgarde, verringern wollte, revoltierten diese und riefen zusammen mit dem Senat und unter Zustimmung der Bevölkerung am 28. Oktober 306 Maxentius zum *Augustus* aus; als Sohn des ehemaligen *Augustus* Maximianus und Gatte einer Tochter des Galerius war er in gleicher Weise ‚legitimiert' wie Konstantin.

War mit der Usurpation Konstantins das diocletianische Konzept bereits angeschlagen, so brach es mit derjenigen des Maxentius endgültig zusammen. Denn mit seiner Erhebung gab es innerhalb des römischen Reiches nun schon fünf Persönlichkeiten, die sich berufen fühlten, in die Geschicke des Gesamtreiches einzugreifen, da bald niemand mehr nur mit einem Reichsteil zufrieden war. Da waren die *Augusti* Galerius und Severus sowie die beiden ‚selbsternannten' *Augusti* Konstantin und Maxentius. Als fünfter *Augustus* trat Maximianus auf, der sich nach seinem Rücktritt 305 inzwischen selbst wieder reaktiviert hatte. Galerius hatte Maxentius zum Staatsfeind erklären lassen, und Severus hatte es übernommen, die damit verbundene Vernichtung dieses Mannes durchzuführen, eine Aufgabe, an der er militärisch scheiterte. Daraufhin wurde Severus von Maximianus gefangengenommen und erdrosselt, wobei es dem Vater des Maxentius allerdings durchaus um eigene Interessen ging.

Maximianus traf sich Ende 307 mit Konstantin in dessen Hauptstadt Trier, gab ihm seine Tochter Fausta zur Frau und erhob ihn zum *Augustus*; letzteres geschah wahrscheinlich in Arles am 25. Dezember des Jahres. In der Folgezeit scheiterten sowohl Maximianus wie auch Galerius bei dem Versuch, Maxentius auszuschalten, dessen Position in Rom damit gefestigter war denn je. Um doch noch eine Stabilisierung der politischen Lage zu erreichen, versuchte Galerius mit der Autorität des als Privatmann in seinem Palast in Spalato/Split lebenden Diocletian eine Neuordnung durchzusetzen. Dieser berief Ende 308 eine Kaiserkonferenz nach Carnuntum/Bad Deutsch-Altenburg ein, deren Ergebnis wiederum eine Tetrarchie nach klassischem Muster war: Licinius sollte auf Wunsch des Galerius für den toten Severus *Augustus* des Westens werden, während Galerius selbst als führender *Augustus* für den Osten zuständig war. Konstantin sollte *Caesar* des Licinius sein, Maximinus Daia blieb *Caesar* des Galerius. Diese Planung basierte auf der Voraussetzung, daß Maximianus erneut abdankte und man Maxentius ignorierte; doch anstelle einer neuen Ordnung vergrößerte sie das politische Chaos.

Maxentius hätte dieses Ergebnis der Kaiserkonferenz nicht berühren müssen, wäre nicht der Konflikt mit seinem Vater auf Unverständnis bei den Truppen in Africa gestoßen. Als Maxentius in dieser Diözese durchzugreifen versuchte, ließ sich der dortige Verwalter Alexander von ihnen zum *Augustus* ausrufen. Auch Konstantin war nicht bereit gewesen, auf den Augustustitel zu verzichten, den deshalb auch Maximinus Daia für sich beanspruchte. Doch wir können die Frage der Rangtitel allmählich außer acht lassen. Es ging um die Machtansprüche der insgesamt sieben Herrscher, die es im Jahre 310 gab: Maximinus Daia in Syrien, Galerius in Thrakien, Licinius in Pannonien und Raetien, Konstantin und Maximianus in Gallien, Maxentius in Italien und Alexander in Africa.

Währenddessen hatte Konstantin Kriege gegen die Franken geführt, bei denen er unter anderem das Land der Bructerer rechts des Rheins verwüstete und Geiseln nahm, um einen Frieden zu erzwingen. Anschließend verstärkte er die Rheingrenze durch die Vergrößerung der Flotte und die Erneuerung einer Reihe von Befestigungsanlagen auf der römischen Rheinseite. In Köln-Deutz wurde in Anwesenheit des Kaisers ein Kastell errichtet (*Corpus Inscriptionum Latinarum* 13, 8502 bzw. *Dessau* 8937).

Am Rhein erreichte Konstantin auch 310 die Nachricht, daß sein Schwiegervater Maximianus sich der Kriegskasse bemächtigt hatte, die in Marseille deponiert war. Mit solchen Mitteln ausgestattet, hatte er sich in Arles zum dritten Mal zum Kaiser ausrufen lassen. Nun ging Konstantin dieses Problem auf seine Art an: In Eilmärschen zog er nach Südfrankreich und zwang Maximianus zum erneuten Rücktritt; wenig später fand man ihn erhängt auf. Lactanz bietet eine phantasievolle Geschichte, die Konstantin von jeglicher Schuld freispricht (*Über die Todesarten der Verfolger* 30), was offensichtlich notwendig war: Maximianus versprach seiner Tochter Fausta einen würdigeren Ehemann als Konstantin, wenn diese das Schlafzimmer offenlasse, damit er seinen Schwiegersohn nachts ermorden könne. Als Fausta alles ihrem Mann verrät, legen beide einen Eunuchen an Stelle Konstantins in das Bett, weil sie einen handgreiflichen Beweis für die Schuld des Maximianus haben wollen. Diesem gelingt es, nachts in das Schlafzimmer einzudringen, weil er den Wachen erzählt, er habe gerade eine Vision gehabt, die er Konstantin sofort mitteilen müsse. Maximianus bringt den Eunuchen um und preist lautstark seine Tat, als der angeblich Ermordete auf der Bildfläche erscheint. Dem überführten Mörder gewährt Konstantin die Wahl der Todesart, worauf dieser sich erhängt. Konstantin erklärte den Toten zum Staatsfeind, löste sich gleichzeitig aus der dynastischen Ideologie der Tetrarchie und propagierte stattdessen seine Abstammung von Claudius Gothicus (268–270). Etwa zur gleichen Zeit gelang es Maxentius, durch Beseitigung des Alexander die Kontrolle über Africa, die Kornkammer Roms, zurückzugewinnen.

Als Nachfolger seines Vaters hatte Konstantin innerhalb des tetrarchischen Systems, wie es einmal konzipiert gewesen war, den Sonnengott als Schutzgott übernommen. Dieser Sol, von Konstantin als *Sol invictus*, als unbesiegter Sonnengott, auf Münzen gefeiert (Abb. 7b auf S. 103), war längst in zahlreichen Göttern präsent (S. 40). Eine Lobrede auf Konstantin aus dem Jahre 310 bringt uns diesen Sonnengott und die antike Vorstellung des Umgangs mit ihm nahe.

Am Ende seines Vortrags schildert der Redner, wie Konstantin eine Begegnung mit dem Gott Apollo, der auch als Sonnengott verehrt wurde, erlebt habe, als er nach dem Tod des Maximianus auf seinem Rückmarsch an den Rhein vielleicht beim heutigen Grand in den Vogesen im dortigen Heiligtum einkehrte. An Konstantin richtet der Redner folgende Worte (*Panegyrici Latini* 6, [7] 21, 5–6): „Du hast ihn wirklich gesehen und dich in seinen Zügen wiedererkannt, den Gott, dem nach alten Sehersprüchen die Herrschaft über die ganze Welt gebührt. Und diese Weissagungen sind, wie ich meine, jetzt erst (in dir) erfüllt worden; denn du, Kaiser, bist, wie jener Gott, jugendlich, fröhlich, heilspendend und über alle Maßen schön!“ Apollo sei dem Kaiser in Begleitung der Siegesgöttin Victoria erschienen und habe ihm den Lorbeerkranz mit dem Zahlzeichen XXX, der Prophezeiung einer dreißigjährigen – also langen – Regierung, dargeboten. Der Text zeigt, wie der damalige Mensch Verbindung mit einem Gott aufnahm: Konstantin hat den Gott gesehen, in diesem Fall den Sonnengott in der lokalen Gestalt des Apollo von Autun. Die antike Welt ging wie selbstverständlich davon aus, daß sich der Gott mit dem Menschen und der Mensch sich seinerseits mit dem Gott in Verbindung setzen konnte. Dies sollte vor allem dann geschehen, wenn es galt, wichtige militärische Auseinandersetzungen zu führen – und deren gab es in der Folgezeit genug.

Immer wieder ist in der Forschung über dieses Ereignis diskutiert worden, ob es in der Empfindung Konstantins stattgefunden habe, es also als subjektiv wahr zu betrachten sei, ob es aus politischen Gründen erfunden, ob es eine literarische Fiktion des Redners oder ob es eine Inszenierung der Priester zu Ehren Konstantins gewesen sei. All dies sind Elemente, die sich lediglich gedanklich, aber nicht tatsächlich trennen lassen. Sicher ist, daß Konstantin die Sichtweise mitgetragen hat, indem er den hier formulierten Weltherrschaftsanspruch vertrat. Um dieses Ziel zu erreichen, waren mehrere Schritte vonnöten. Es mußte zunächst der Westen erobert werden.

Bevor wir aber den Kampf um die Herrschaft im Westen des römischen Reiches weiter verfolgen, gilt es ein Ereignis zu würdigen, das in seiner Folgewirkung kaum überschätzt werden kann, weil es unter anderem die spätere Religionspolitik Konstantins erst ermöglichte: das Toleranzedikt des Galerius.

5. Das Toleranzedikt des Galerius gegenüber den Christen

Am 30. April 311 verdeutlichte Galerius, inzwischen der ‚erste' *Augustus*, nochmals die religiösen Motive der Christenverfolgung und gab gleichzeitig deren Scheitern zu. Er verfügte die öffentlich-rechtliche Anerkennung des christlichen Kultes; damit sicherte er den Christen im Rahmen des damals geltenden Vereinsrechts jenen Schutz zu, der ihnen als Mitgliedern einer zugelassenen Kultgemeinschaft (*religio licita*) zukam. Sie galten als ‚eingetragener Verein', konnten sich unter einem verantwortlichen Leiter zusammenschließen, in vereinseigenen Lokalen ihre Zusammenkünfte abhalten und für ihre Mitglieder vereinseigene Friedhöfe anlegen. Die nun bestehende Körperschaft war damit nach den Normen des römischen Rechts als juristischer Träger des gemeinsamen Eigentums anerkannt; unter den Schutz des Gesetzes fielen schließlich auch die Vereinsbeiträge. Galerius knüpfte an seine Maßnahmen die Bedingung, daß die Christen nichts gegen die öffentliche Ordnung unternähmen sowie Herrscher und Reich in ihre Gebete einschlössen. Bislang hatten die Christen, da ihr Kult offiziell nicht existent war, auch keine derartigen Gebete verrichten können. Sie konnten Kaiser und Reich zwar in ihre Gebete einbeziehen, doch war dies aus staatlicher Sicht wirkungslos. Alle diese Rechte und Pflichten galten für jeden anderen Kult in gleicher Weise.

Die diocletianischen Christenverfolgungen waren die ersten gewesen, die diesen Namen verdienten. Was unter Decius oder Valerian oder gar in den ersten beiden Jahrhunderten geschehen war, waren zumeist lokale Pogrome gewesen. Decius hatte 249 von allen Reichsbewohnern ein Opfer unter Aufsicht von sogenannten Opferkommissionen verlangt. Die Reaktion der Christen war unterschiedlich gewesen: Von der Erfüllung des Gebots über die Erschleichung eines *libellus*, einer Opferbescheinigung, oder die Nichterfüllung in der Hoffnung, unentdeckt zu bleiben, reichte die Spanne der Möglichkeiten.

Da die *libelli* meist für die ganze Hausgemeinschaft ausgestellt wurden, reichte es beispielsweise, wenn der Sklave einer christlichen Familie die Bescheinigung erwarb und damit alle übrigen schützte. Mit aktiver Verweigerung, wie sie manche Christen betrieben, hatte Decius offenbar gar nicht gerechnet, denn eine Bestrafung war in dem Edikt vermutlich nicht vorgesehen. Daher gab es auch keine einheitliche Vorgehensweise gegen Verweigerer, von denen einige allerdings den Tod fanden. Valerian hatte 257 ein Opfergebot eigens für den christlichen Klerus – nicht jedoch für die einfachen Christen – angeordnet, in dem er nicht ohne Grund den ‚harten Kern' des Widerstands gegen die Anerkennung des Kaiserkults erblickte.

Erheblich einschneidender waren Maßnahmen, die seit 303 gegen die christlichen Kulte ergriffen wurden. Insgesamt ergingen vier Edikte, deren wichtigste Bestimmungen sich zunächst allgemein gegen die Kultmitglieder richteten: Versammlungsverbot, Zerstörung der Kultstätten, Auslieferung des Gemeindeeigentums, der Schriften und sämtlichen Kultinventars; Personen, die als Christen identifiziert wurden, waren rechtlos. Die nächsten beiden Edikte zielten vor allem auf die Kleriker, die verhaftet und zu Opferhandlungen gezwungen wurden. Im vierten Edikt schließlich erging die Aufforderung zum Opfer an die ganze Reichsbevölkerung, wie es unter anderem bereits von Decius bestimmt worden war.

Die Auswirkungen dieser Verfolgungen vor allem im Osten des römischen Reiches stellten alles bisherige weit in den Schatten. Dies lag daran, daß sich das Christentum inzwischen in vielen Gebieten des Ostteils weitgehend ungehindert hatte ausbreiten können. Gewiß ist, daß wir weder absolute noch relative Zahlen für den Anteil der christlichen Bevölkerung, sei es in einzelnen Städten, sei es in größeren Regionen, geben können. Aber ebenso gewiß ist die Einschätzung nicht falsch, daß der Anteil der Christen nicht mehr zu ignorieren war. Dies bedeutete unter den Bedingungen antiker Religiosität, der jeweils unterschiedlichen christlichen wie heidnischen, daß ein friedliches Zusammenleben der Gruppen immer schwieriger wurde. Christliche Ausschließlichkeitsansprüche und ein den heidnischen Kulten unbekannter Missionseifer bildeten die Hauptursachen. Christliche Bischöfe traten mit wachsendem Selbstbewußtsein auf und stachelten ihre Gemeinden immer häufiger zur öffentlichen Demonstration ihres Glaubens an.

Das Christentum hatte seit valerianischer Zeit (253–260) ein erhebliches Wachstum erlebt, das es in immer intensiveren Kontakt mit der Umgebung brachte, die, wie seine eigene Welt, religiös durchdrungen war. Für manche Christen wurde im Laufe der Zeit aus dem Nebeneinander ein Miteinander mit den Heiden, wie beispielsweise im Heer; wie viele andere empfanden sie den Heeresdienst als akzeptablen Lebensweg sowie als Basis sozialer Sicherheit und weiteren Aufstiegs. Es gab seit dem 2. Jahrhundert christliche Soldaten, die sich über das Diktum der frühchristlichen Schriftsteller und mancher Bischöfe, Heeresdienst sei Götzendienst, hinwegsetzten. Für solche Christen bildeten weder Heeresdienst noch die Teilnahme an den damit verbunden Kulten ein Problem. Der christliche Schriftsteller Tertullian müßte sonst zu Beginn des 3. Jahrhunderts einen Soldaten nicht besonders herausstellen, der seine Ablehnung des Zeremoniells dadurch öffentlich dokumentierte, daß er zu einem solchen kultischen Anlaß mit dem Kranz in der Hand erschien, statt ihn auf dem Kopf zu tragen (*Über den Kranz des Soldaten* 1, 2).

Es gab ja auch unterschiedliche Wege, mit dem Problem fertig zu werden, daß Soldaten an dem Kaiserkult teilnehmen mußten: Man konnte bei den entsprechenden Gebeten stumm bleiben, heimlich ein Kreuzzeichen machen oder die Finger kreuzen und anstelle des Opferfleisches nur jene Speisen zu sich nehmen, die man selbst heimlich mitgebracht hatte. Man konnte sich aber auch von Anhängern anderer Kulte überzeugen lassen, daß sich offizieller Herrscherkult und privater Kult durchaus vertrugen. Man konnte sich ferner die Meinung eines Statthalters in einem Prozeß gegen einen Christen zu eigen machen, für den eine äußere rituelle Kulthandlung und die innere Überzeugung des Menschen zwei völlig verschiedene

Dinge waren und der sogar bereit war, für den Christen die Verantwortung zu übernehmen, wenn dieser das vorgeschriebene Opfer vollzog (Herbert Musurillo, *The acts of the Christian martyrs*, Oxford 1972, 262–263).

Zweifellos spielte bei diesem Miteinander auch die weit verbreitete Vorstellung eine Rolle, daß dem einzelnen der Zugang zu vielen Göttern offenstand. Weihinschriften für viele Gottheiten sind ebenso häufig wie die Formel, daß man etwas den „übrigen unsterblichen Göttern und Göttinnen" weihe. Wenn man Mithras dienen konnte *und* Sarapis, weshalb nicht auch Mithras *und* Christus, weshalb dann nicht auch den Kaiserkult mit dem Christentum verbinden können? Wenn, wie ich glaube, eine solche Haltung an Breite gewann, konnte man Konstantins Entscheidung von 312 für einen neuen Gott durchaus als Entscheidung für einen weiteren Gott verstehen. Daß dieser Gott keine anderen Götter neben sich duldete, registrierten Konstantin und seine Umwelt erst nach und nach.

Gewiß, meist hatten die Bischöfe etwas gegen die Teilnahme der christlichen Kultmitglieder an anderen Kulten, aber mit den immer größer werdenden Gemeinden schwand die Kontrolle durch das Kollektiv, wuchs die Selbständigkeit des einzelnen. Die Martyrerberichte lehren uns, welche Überzeugungsarbeit die Bischöfe gerade bei langgedienten Soldaten leisten mußten, bis beispielsweise jemand nach 27 Dienstjahren endlich einsah, daß er bereits mehr als die Hälfte seines Lebens Götzendienst beging. Daß gerade die Perspektive des Todes manchen zu Kompromissen trieb, dürfte menschlich sein.

Marinus, Soldat in einer Legion, die in Palästina stationiert war, hatte sich während vieler Dienstjahre bis zum Unteroffizier mit der Aussicht auf den Offiziersrang hochgedient. Als er zur Beförderung zum *centurio*, zum Hauptmann, anstand, wurde er von dem Kameraden, der nach ihm an der Reihe gewesen wäre, denunziert: Marinus sei Christ, der nicht opfern könne. Marinus hatte also bis zu diesem Zeitpunkt seiner militärischen Karriere alle kultischen Praktiken vollzogen, in der Regel wohl passiv und dabeistehend. Nach der Beförderung zum Hauptmann hätte er selbst das Opfer vollziehen müssen. Erst nach gründlicher Ermahnung durch seinen Bischof, der Marinus deutlich machte, dies sei Götzendienst, entschied sich der Soldat, das Opfer zu verweigern und in den Tod zu gehen (Herbert Musurillo, *The acts of the Christian martyrs*, Oxford 1972, 240–243).

Das Beispiel des Marinus verdeutlicht die ganz persönlichen Eifersüchteleien, das Konkurrenzdenken, die Antipathien oder Animositäten, mit denen wir bei den Auseinandersetzungen zwischen Heiden und Christen im tagtäglichen Nebeneinander innerhalb eines Hauses, eines Viertels oder einer Stadt rechnen müssen. Diese zwischenmenschlichen Reibereien, die ohnehin zu allen Zeiten ein reiches Spektrum an Möglichkeiten bieten, wurden durch die Differenzen im kultischen Bereich weiter gesteigert. Hierbei war es sicherlich nicht von untergeordneter Bedeutung, daß die Ausbreitung der christlichen Religion auch elementare wirtschaftliche Interessen des einzelnen wie einer ganzen Stadt betraf. Bauleute, Silberschmiede, Dekorateure, Maler, Steinmetzen, Bronzegießer und Graveure, die sich mit der Herstellung von Götterbildern beschäftigten, waren durch die Christen beeinträchtigt, welche die Darstellung der Götter als Götzendienst ablehnten. Alle, deren Lebensunterhalt direkt oder indirekt von der Produktion für Opferhandlungen, den Göttern gewidmete Zeremonien und Feste einschließlich aller Schaukämpfe, Zirkusspiele, Gladiatorenkämpfe und Theateraufführungen abhängig war, nahmen den Christen ihre diesbezügliche Abstinenz übel: Priester, Seher, Schauspieler, Rennfahrer, Bühnenarbeiter, Veranstalter, Kostümschneider, aber auch Weinbauern, Kaufleute, Töpfer, Gutsbesitzer, Bauern, Metzger und die Inhaber von Läden und Ständen.

In den Zeiten der latenten Bedrohung der Christen, als ihr Schicksal von einer Anzeige abhing, war die Versuchung, wie im Falle des Kameraden des Marinus, immer gegeben, sich eines Nebenbuhlers, sei es im Heer, sei es in der Liebe, zu entledigen. Während der beinahe ein Jahrzehnt andauernden Verfolgung zwischen 303 und 311 wurden diesbezüglich Wunden aufgerissen, die so rasch nicht zu heilen waren. Uns

Zeitgenossen des 20. Jahrhunderts muß man sicherlich keine Beispiele dafür anführen, was Menschen einander antun können. Und daß diese Verletzungen möglichst lange im Bewußtsein blieben, dafür sorgten eben die Martyrerberichte, die Gräber auf den Friedhöfen und das auch sonst wach gehaltene kollektive Gedächtnis der Christen.

Galerius hatte die Verfolgungen eingestellt, er hatte den christlichen Kult legitimiert, aber er konnte die Gräben nicht zuschütten, die vor allem, dies ist immer wieder zu betonen, im Osten aufgerissen worden waren. Dabei ist es nicht so entscheidend, daß sich mancherorts die blutigen Verfolgungen gleichsam verselbständigten und den Erlaß des Toleranzediktes, des einzigen, das diesen Namen verdient, überdauerten. Dazu trug vor allem bei, daß die Selbstsicherheit der Christen, ohnehin keineswegs unterentwickelt, ständig wuchs.

6. Visionen und Siege

Galerius verstarb 311, kurze Zeit nachdem er das Toleranzedikt erlassen hatte; dies sollte allerdings nicht dazu verleiten, in dieser Maßnahme die Resignation eines Todkranken zu vermuten. So sah es zwar Lactanz, aber er ließ auch in seinem Werk *Über die Todesarten der Verfolger* dem alttestamentlichen Rachegedanken freien Lauf.

Nach dem Tod des Galerius teilten sich Maximinus Daia und Licinius dessen Herrschaftsgebiet, indem sie von ihren Ausgangspunkten aufeinander zumarschierten und sich am Bosporus trafen, der fortan die Grenze zwischen ihren Territorien bildete; im Westen hatte Konstantin den Maximianus ebenso beseitigt wie Maxentius den Alexander. Unter den verbleibenden vier Herrschern schufen gemeinsame Gegnerschaften Koalitionen, die jeweils den Kontrahenten in die Zange hätten nehmen können. Maximinus Daia verbündete sich mit Maxentius, Licinius suchte daraufhin die Nähe zu Konstantin. Dieser nahm das Angebot gerne an und verlobte seine Halbschwester Constantia gleichsam als Unterpfand mit Licinius. Daß es nur zur Verlobung, vorerst aber noch nicht zu einer Ehe kam, kann wohl so gedeutet werden, daß sich Konstantin nicht völlig an Licinius binden, sondern sich auch andere Optionen offenhalten wollte. So läßt sich auch die Absprache mit Maximinus Daia verstehen, nach der beide gemeinsam 313 den Konsulat bekleiden wollten. Faktisch blieben diese Koalitionen aber bedeutungslos, da weder Licinius noch Maximinus Daia in die Kämpfe im Westen eingriffen. Alle diese Absprachen waren Teil der Vorbereitung kriegerischer Auseinandersetzungen, von denen hier nur der Kampf zwischen Konstantin und Maxentius interessiert.

Die vor den militärischen Operationen abgelaufenen Propagandaaktionen kennen wir im wesentlichen nur von Maxentius, weil er im Kreuzfeuer der christlichen Quellen steht. Er ließ seinen Vater unter die Götter erheben, wie es zuvor bereits Konstantin getan hatte (S. 21). Diesen beschuldigte Maxentius des Mordes an Maximianus, was sicherlich nicht aus der Luft gegriffen war. In Rom beseitigte man die Statuen Konstantins, ein klares Signal zum Beginn des Bürgerkriegs.

Innerhalb des Quartetts von Herrschern, das nur noch äußerlich an die Tetrarchie Diocletians erinnerte, ergriff Konstantin 312 die Initiative, als er sich entschloß, gegen Maxentius eine Entscheidung auf dem Schlachtfeld zu suchen. Damit wollte er etwas wagen, woran vor ihm Severus und Galerius gescheitert waren. Maxentius beherrschte mit Italien und Africa jene Teile des römischen Reiches, die noch immer als die eigentlichen Kernlande galten. Mit Africa hatte er die Kornkammer des Reiches unter Kontrolle, Italien war von ihm zur militärischen Bastion ausgebaut worden. Auch wenn die von einem Lobredner gegebenen Zahlen über das Heer des Maxentius übertrieben scheinen – 100.000 Fußsoldaten (*Panegyrici Latini* 9 [12] 3, 3) –, dürfte feststehen, daß in diesem Fall manches gegen den Angreifer sprach.

Die Schwierigkeiten zeigten sich bereits bei den ersten großen Hindernissen, die Konstantin auf seinem Marsch nach Rom zu überwinden hatte: Segusio/Susa, Turin, Verona und Aquileia. Maxentius hatte diese Orte in Norditalien zu Festungen ausgebaut. Längst nicht alle Städte waren bereit, auf die Milde Konstantins zu vertrauen, wie dies ein Panegyriker formulierte, und sich freiwillig zu ergeben wie Aquileia. Wer dies nicht tat, mußte sich später des Wahnsinns bezichtigen lassen wie die Bewohner der Städte Segusio oder Verona. Konstantin konnte letztere erst nach Belagerung und Aushungerung einnehmen. Damit war die wichtige erste Etappe erfolgreich abgeschlossen, und deshalb wurde die Eroberung Veronas auch auf dem später errichteten Triumphbogen dargestellt (S. 39). Auf dem Weg nach Rom erlitt Konstantin anschließend eine Niederlage, man weiß allerdings nicht wo. Als sich herausstellte, daß es nicht zu einem Überlaufen der Truppen des Maxentius kam – weshalb auch? –, hing alles von der entscheidenden Auseinandersetzung um Rom ab.

Konstantins strategische Lage war in diesem Augenblick keineswegs günstig, und sie verschlechterte sich auf feindlichem Territorium mit jedem Tag. Wie langwierig sich die Einnahme einer Stadt gestalten konnte, hatte der Fall von Verona gezeigt; die Eroberung der Hauptstadt war gewiß um einiges schwieriger. Maximianus hatte vor kurzem die Aurelianische Stadtmauer instand setzen lassen, Maxentius selbst hatte große Getreidevorräte angehäuft.

In dieser prekären Situation benötigte Konstantin ein zusätzliches Stimulans für sich und seine Truppen. Die Opferbeschauer hatten keine günstigen Zeichen gefunden, da mußte Konstantin selbst mit einem Gott in Verbindung treten und von dieser Allgottheit (S. 41) das erlösende positive Zeichen empfangen. Dies konnte dem Stil der Zeit entsprechend kaum anders geschehen als in einer Vision, dem für jeden antiken Menschen plausiblen Medium des Kontaktes zwischen Gott und Mensch. Die Normalität des Umgangs mit derartigen Visionen verdeutlicht die Geschichte vom angeblichen Mordversuch und anschließenden Selbstmord des Maximianus (S. 24).

Die Berichte der Kirchenväter über die Vision vor der Schlacht an der Milvischen Brücke sind selbstverständlich durch die spätere Interpretation geprägt. Astronomische Spekulationen, wie sie immer wieder einmal angestellt werden, sind amüsant, mehr nicht. Was Konstantin gesehen und ob er es detailliert erzählt hat, bleibt letzten Endes unbekannt und unwichtig. Entscheidend waren der militärische Erfolg und der Glaube des Herrschers, diesen mit Hilfe eines Gottes erreicht zu haben, den die Christen als den ihren verstanden.

Der Christ Lactanz, den Konstantin als Erzieher seines ältesten Sohnes Crispus nach Trier geholt hatte, berichtet um 318 von der Vision Konstantins vor der Schlacht an der Milvischen Brücke. Gott habe den Kaiser gemahnt, das Christus-Monogramm X P als himmlisches Siegeszeichen auf die Schilde seiner Soldaten zu setzen (*Über die Todesarten der Verfolger* 44). Eine andere Version bietet der griechisch schreibende Bischof Eusebius etwa zwei Jahrzehnte nach dem Ereignis (*Leben Konstantins* 1, 28). Demnach hat Konstantin mit seinem Heer um die Mittagszeit ein Lichtkreuz über der Sonne gesehen und die Inschrift τούτῳ νίκα, „hierdurch siege“. Der

Kaiser habe ihm dies geschworen, versichert Eusebius; der Schwur war wohl notwendig. Nicht daß man in der damaligen Zeit, in der die Götter und das Göttliche wirksame Mächte bedeuteten, derartiges für unmöglich gehalten hätte; aber alle Beteiligten, Kaiser und Heer, hatten fast zwanzig Jahre lang geschwiegen, und diese ‚Lücke' sollte der Eid ‚füllen'.

Beide Versionen spiegeln unterschiedliche Stadien der kaiserlichen Propaganda; insofern erscheinen später sowohl das Christogramm wie die Beischrift, allerdings etwas abgewandelt, in der lateinischen Formulierung *in hoc signo vinces* oder *victor eris*, „in diesem Zeichen wirst du siegen" oder „Sieger sein" – allerdings erst nach Konstantin regelmäßig – auf Münzen. In dem Palast der konstantinischen Familie im Bereich des Lateran findet sich unter den Wandgemälden ein Christogramm mit der Erklärung *in signo [h]oc est patris victoria* – „in diesem Zeichen liegt der Sieg des Vaters (Konstantin)" (Valnea Santa Maria Scrinari, *Il Laterano imperiale I. Dalle ‚aedes Laterani' alla ‚Domus Faustae'*, Rom 1991, 164). Ähnliche Visionen – beziehungsweise die Übertragung dieses Vorgangs auf spätere Ereignisse – sind für die Schlacht bei Cibalae bezeugt (S. 44). Die Entwicklung hin zu einer immer präziseren Interpretation der Vision und der mit ihr verbundenen Botschaft ist sicherlich von Konstantin wesentlich getragen und gefördert worden. Dabei verselbständigte sich dieser Vorgang, wie es eigentlich zu allen Zeiten der Fall war. Es begann ein Wechselspiel, bei dem in einem bestimmten, vom Herrscher vorgegebenen Klima dessen Vorstellungen von der Bevölkerung aufgegriffen und dann weiterentwickelt wurden. Schließlich griff der Kaiser selbst wiederum diese Weiterentwicklung auf. Eine solche Art der Propaganda unterscheidet sich diametral von einer modernen, von oben diktierten und zentral gesteuerten.

Es bleibt die Frage, ob Konstantin für dieses neue Siegeszeichen überhaupt viel verändern mußte, ob er beispielsweise eine Art Christogramm auf die Schilde der Soldaten malen ließ. Römische Feldzeichen besaßen schon lange eine Kreuzesform. Minucius Felix schrieb um die Wende vom 2. zum 3. Jahrhundert (*Octavius* 29, 6–7): „Denn auch die Feldzeichen selbst und die Standarten und die Lagerfahnen, was sind sie anderes als vergoldete oder mit Gold geschmückte Kreuze?" Es hätte folglich genügt, die Feldzeichen mit neuen Augen zu sehen, anders formuliert, die Uminterpretation mußte von christlicher Seite erfolgen, die nun den wahren Inhalt einer längst vertrauten Form neu erkannte. Unter diesen Vorzeichen stellten sich Konstantin und sein Heer der Entscheidungsschlacht gegen Maxentius.

In dieser Situation geschah etwas Überraschendes: Maxentius verließ die befestigte Stadt und suchte die Auseinandersetzung außerhalb der Stadtmauern. Gewiß waren es weder die Unsicherheit gegenüber Senat und Bevölkerung noch nächtliche Alpträume, die ihn dazu veranlaßten. Vielleicht zeigt es nur, wie sicher und überlegen er sich fühlte. Er eröffnete damit allerdings Konstantin die einzige Chance, sein Unternehmen doch noch erfolgreich zu beenden. Nachdem dieser bei einem ersten Aufeinandertreffen dreizehn Kilometer nördlich von Rom bei dem Ort *Saxa Rubra*, Roter Fels, gesiegt hatte, rückte er weiter gegen die Hauptstadt vor. Und ganz in ihrer Nähe, drei Kilometer entfernt, fiel die Entscheidung in einem mit äußerster Erbitterung und Härte geführten Kampf um die Milvische Brücke. Nach der Niederlage seiner Elitetruppen, vor allem der Leibgarde, gab Maxentius sich verloren; er wurde von seinem Pferd in den Tiber geschleudert und ertrank. Mit dem Tod des Maxentius in der Schlacht war diese für die Stilisierung als das alles überragende Ereignis geradezu prädestiniert.

Konstantin und sein Gott hatten gesiegt. Dabei ist weniger wichtig, wie Konstantin diesen Gott verstand, was er ‚glaubte', sondern entscheidend wurde, daß er in diesem Schlachtenhelfer jenen Gott der Christen sah, dessen Kult Galerius ein Jahr zuvor als legal anerkannt hatte. Galerius hatte die Christen aufgefordert, sich in ihrem Kult für den Staat und dessen Wohlergehen zu engagieren. Der Gott der Christen hatte seine Bereitschaft dokumentiert, den Staat in der Person Konstantins zu unterstützen; gleichsam mit einem

Paukenschlag war er in die Öffentlichkeit getreten: als Kriegsgott. Wenn später das Christogramm am Helm des Kaisers auf einem Medaillon erscheint (Abb. 7a S. 103), auf dessen Rückseite Soldaten und die Siegesgöttin Victoria dargestellt sind, ist es Zeichen des Krieges und des militärischen Erfolges.

Beim Einmarsch in Rom trugen die Truppen des Siegers das abgeschlagene Haupt des Maxentius, dessen Leichnam Konstantin zu diesem Anlaß aus dem Tiber hatte bergen lassen, auf einer Lanze durch die eroberte Stadt.

Nach dem Sieg über Maxentius ließ sich Konstantin als Befreier Roms, Wiederhersteller der Freiheit des römischen Volkes sowie des gesamten Erdkreises und schließlich als Begründer von Frieden, Ruhe und öffentlicher Sicherheit feiern. Zahlreiche Inschriften preisen diese Qualitäten, vor allem diejenige des Triumphbogens, den Senat und Volk von Rom ihm stifteten und den man zu den Feiern anläßlich des zehnjährigen Regierungsjubiläums 315 feierlich einweihte (*Corpus Inscriptionum Latinarum* 6, 1139 bzw. *Dessau* 694):

„Dem Herrscher Flavius Constantinus, dem größten, frommen (und) vom Glück begünstigten Kaiser, haben Senat und Volk von Rom, weil er durch Antrieb der Gottheit, durch die Größe seines Geistes zusammen mit seinem Heer den Staat zugleich an dem Tyrannen wie auch an dessen gesamter Clique in einem gerechten Waffengang gerächt hat, diesen Bogen, geschmückt mit Siegeszeichen, geweiht."

Maxentius war nach seiner Niederlage der *damnatio memoriae* verfallen, sein Name durfte nicht mehr erwähnt werden, da man so tat, als ob es die Person nie gegeben habe. Dennoch benötigte man eine Formulierung, mit der man Maxentius, nicht namentlich zwar, aber doch allgemein verständlich benennen konnte. Der Lobredner, der 313 seine Rede auf Konstantin hielt, hatte vor demselben Problem gestanden und es traditionell gelöst; statt des Namens des toten Gegners verwendete er Negativattribute: „jenes Monstrum", „törichtes und nichtsnutziges Tier", „pupurgekleideter Sklave" oder ganz generell „Feind des Staates". Für die Inschrift auf dem Triumphbogen und die Gesetzestexte verständigte sich dann die Kanzlei Konstantins auf den Begriff ‚Tyrann', um über eine Person zu reden oder zu schreiben, die es eigentlich gar nicht gab.

Konstantin beeilte sich, seinem Gott Dankbarkeit zu erweisen; dies war normal, und man erwartete es sicher auch. Er tat dies in der konventionellen Denkweise und Bildersprache der Zeit. In kaum einer anderen Angelegenheit waren die christlichen Biographen Konstantins so fleißig wie im Sammeln von Angaben über Kirchenbauten. Seine erste Stiftung in dieser Hinsicht, die wohl noch vor 315 lag, war die Lateranbasilika in Rom auf ehemaligem Kasernengelände. Ebenso bekannt wurde die Petersbasilika, die zwischen 324 und 326 auf dem *ager Vaticanus* errichtet wurde. Die zahlreichen Kirchen, die Konstantin oder seine Familienmitglieder stifteten oder finanziell unterstützten, bezeugten den ‚Glauben' des Herrschers und waren ein Gebot der Staatsraison. Sie bezeugten in gleicher Weise seine Freigebigkeit und Prunksucht; Konstantin wollte auch in dieser Hinsicht ein würdiger Nachfolger des Augustus sein, der von sich in seinem Tatenbericht bemerkt hatte, er habe 82 Heiligtümer in Rom wiederherstellen lassen.

Sichtbarer Ausdruck des Sieges über Maxentius war der Triumphbogen, den der Senat beschlossen hatte und der drei Jahre nach dem Ereignis dort errichtet worden war, wo die *via sacra* beginnt: zwischen Kolosseum, Palatin und Forum Romanum. Dieser Triumphbogen ist einmal als ein Museum der offiziellen römischen Kunst bezeichnet worden, weil er zahlreiche Spolien, Bauelemente unterschiedlichster Zeiten, in sich vereinigt. Neben Reliefs und Dekorelementen der konstantinischen Zeit fanden solche der traianischen, hadrianischen und antoninischen – so eine vermutete Datierung der Spolien – Verwendung.

Die konstantinischen Teile lassen jene maßgebenden Ereignisse, die den Anlaß für die Errichtung des Siegesmonumentes bildeten, noch einmal Revue passieren. Dies beginnt mit dem Aufbruch des Heeres, daran schließt sich die Belagerung einer Stadt, wohl Verona, an; Konstantin steht inmitten seiner Soldaten, die er um Haupteslänge überragt, und wird von der Siegesgöttin Victoria bekränzt. Es folgt die Darstellung der Schlacht an der Milvischen Brücke. Konstantin ist erneut von einigen traditionellen Gottheiten umgeben: Victoria, Virtus/Roma und einem Flußgott. Schließlich rundet sich der Kreis mit dem Einzug Konstantins und seines Heeres in Rom am 29. Oktober 312.

Neben den eben genannten Gottheiten ist auf dem Triumphbogen vor allen ein Sonnengott vertreten, den man wohl als die im Text genannte höchste Gottheit ansehen muß. Wichtig war, daß die inhaltliche Füllung des Gottesbegriffs sich geändert hatte. War einst Sol dieser höchste Gott gewesen, so war es jetzt Christus, wie auch immer Konstantin diesen verstand. Man könnte einmal darüber spekulieren, daß für Konstantin diese höchste Gottheit noch immer weitgehend mit jenen Vorstellungen verbunden war, die seit langem im römischen Reich verbreitet waren. Die orientalischen Himmels- und Sonnengottheiten, wie der von Aurelian (270–275) zum Reichsgott erhobene *Sol Invictus*, waren Ergebnis einer theologischen Entwicklung, in deren Verlauf der Sonnengott zu einer allmächtigen, die Welt mit ihrer Lebenskraft durchdringenden Gottheit geworden war; diese verband sich mit der monotheistischen Tendenz der philosophischen Aufklärung. Demnach stand hinter allen Göttergestalten, die unendlich viele Namen trugen, der unbenennbare Weltgott, den man daher nur als ‚höchster Gott' oder ‚höchste Gottheit' bezeichnete (S. 43, 50, 100, 106). „Wer ist es, der Gott der Ewigkeit, der die Ewigkeit hervorbringt (und) in Ewigkeit herrscht? Der eine, unsterbliche Gott." (*Papyri Graecae magicae. Die griechischen Zauberpapyri*, 2. Aufl. hrsg. von Karl Preisendanz – Albert Henrichs, Stuttgart 1974, Bd. 2, 237).

Aufgrund dieser beiden Entwicklungen eroberte jene Vorstellung, daß die (männliche) Sonne das All sei und Sol, der Sonnengott, alle oder doch viele Götter in sich aufnehme, während der Kaiserzeit die gesamte römische Welt. Die Sonne figurierte nicht nur als Himmelskörper, als Element der materiellen Welt, sondern man erkannte in ihr zugleich die unmittelbare Erscheinung des höchsten Wesens, der Allgottheit. Als Sonnengott und zusammen mit dem Sonnengott war Konstantin von dem Lobredner in Autun gefeiert worden (S. 26). Der Sonnengott war und blieb noch lange die wichtigste Gottheit auf Bauwerken und Münzen. Auf den Reliefplatten des Konstantinsbogens, die aus seiner eigenen Regierungszeit stammen, ist vor allem Sol abgebildet; viermal erscheint der Sonnengott, davon zweimal mit dem Herrscher zusammen. Und auf den Münzen ist der Sonnengott noch lange der Begleiter Konstantins.

Dieser Sonnengott hatte viele Züge, die leicht christlich umzudeuten waren. Es war zweifellos nicht schwierig, Konstantin davon zu überzeugen, daß dieser höchste Gott, in dem er bislang den Sonnengott gesehen hatte, Christus sei, wenn Christus in seiner Erscheinungsweise so viele Ähnlichkeiten mit dem Sonnengott aufwies. Und es war sicherlich noch kein Problem für Konstantin, wenn andere in diesem göttlichen Wesen die Erscheinung anderer Götter sahen; denn entscheidend war, daß die Untertanen formal ein und demselben Gott huldigten.

7. Der Kampf um den Osten

Angesichts der militärischen Anstrengungen, die vor 312 jeder der vier Kaiser unternommen hatte, darf man davon ausgehen, daß ein friedliches Miteinander zwar zeitweise notwendig, aber kein dauerhaftes Programm war. So kann man den Sieg Konstantins über Maxentius durchaus als Beginn des Kampfes um den Osten und damit um die Alleinherrschaft verstehen, ohne daß die Entwicklung notwendigerweise geradlinig gewesen ist.

Zu den Maßnahmen, die der Stabilisierung seiner Herrschaft in den gerade gewonnenen Territorien dienten, gehörte die Übernahme mancher Angehöriger aus dem Führungspersonal des Maxentius. Diejenigen, die mit dem ‚Tyrannen' im Feld gestanden hatten, dürften umgekommen sein, aber grundsätzlich propagierte und praktizierte Konstantin eine Politik der Milde. Caius Ceionius Rufius Volusianus ist ein Beispiel für einen prominenten Angehörigen der römischen Nobilität, der aus einer hohen Position im Stab des Maxentius in eine noch höhere unter Konstantin aufstieg. Unter Maxentius Prätorianerpräfekt, Stadtpräfekt und Konsul wurde er von Konstantin erneut zum Vorsteher der ‚befreiten' Stadt Rom berufen.

Im Februar 313 trafen sich Konstantin und der mit ihm verbündete Licinius in Mailand, wo eine Reihe von Absprachen getroffen wurden, von denen vor allem eine Vereinbarung über die Religionen bekannt geworden ist. Es kam einer Bestärkung der Zusammenarbeit gleich, daß Licinius nun Constantia, die Halbschwester Konstantins, heiratete (S. 33). Konstantin hatte mit dem Herrschaftsbereich des besiegten Maxentius das Gebiet übernommen, das ursprünglich Licinius zugedacht gewesen war. Deshalb mußte dieser entschädigt werden, was nur auf Kosten des Maximinus Daia geschehen konnte. Konstantin brach daher die Verbindungen zu jenem ab und ließ Licinius freie Hand im Kampf gegen den östlichen Herrscher, ohne ihn allerdings aktiv militärisch zu unterstützen. Während Licinius mit Konstantin noch in Mailand verhandelte, eroberte Maximinus Daia Byzanz. Doch bereits Ende April war Licinius ihm entgegengezogen und hatte ihn am 30. des Monats in der Nähe von Adrianopel besiegt. Wenige Monate später nahm sich Maximinus Daia das Leben, während Licinius dessen Familie und hohe Beamte sowie alle Angehörigen der früheren Herrscher ausrotten ließ.

Während der Verhandlungen in Mailand wurde von Konstantin und Licinius erneut festgelegt, daß der Christen-Verein (*corpus Christianorum*) wie alle übrigen erlaubten Kultvereine behandelt werden solle. Gemäß den damaligen Vorstellungen von der Götterwelt bestätigte Licinius die Entscheidung, die bereits Galerius in seinem Toleranzedikt von 311 (S. 27–32) getroffen hatte (Lactanz, *Über die Todesarten der Verfolger* 48, 2–3): „Wir gewähren den Christen und allen anderen das freie Recht, derjenigen Religion sich anzuschließen, die jeder für sich auswählt.“ Licinius begründete dies mit dem Argument, alle Götter seien Erscheinungsformen der einen höchsten Gottheit (*summa divinitas*), „der wir in der Verehrung mit freiem Willen gehorsam sind.“

Die Erwähnung der Christen macht den Anlaß der Mandate deutlich, die Licinius an die Provinzstatthalter seines Reichsteils richtete. Sie nehmen Bezug auf die Probleme, die es im Osten gab, wo es auch nach dem Toleranzedikt noch immer zu Pressionen gegen Christen gekommen war. Der Inhalt dieser Mandate ging über die Entscheidung von 311 nicht hinaus.

Möglicherweise war die Formulierung von der *summa divinitas*, von der höchsten Gottheit, etwas, auf das sich Konstantin und Licinius verständigt hatten, mit dem beide leben konnten. Licinius ließ sein Heer vor der Entscheidungsschlacht gegen Maximinus Daia ein Gebet sprechen, das sich an diese höchste Gottheit richtete. Und auch Konstantin verkündete auf seinem Triumphbogen, er habe seinen Sieg über Maxentius *instinctu divinitatis*, durch Antrieb der Gottheit, errungen. Als Konstantin anläßlich des Donatistenstreits (S. 78) an seinen heidnischen *vicarius Africae*, den Verwalter der Diözese, schrieb und diesen zum Eingreifen aufforderte, begründete er dies mit der Feststellung, er sei sicher, auch in dem *vicarius* einen Verehrer des höchsten Gottes (*summus deus*) zu erkennen (Jean-Louis Maier, *Le dossier du donatisme*, Berlin 1987, 1 Nr. 18). Dieser höchste Gott war schon lange der Gott Konstantins gewesen, er war es jetzt nach dem Sieg über Maxentius, und er sollte es auch in Zukunft bleiben.

Im Jahre 315 feierte Konstantin sein zehnjähriges Regierungsjubiläum, die Decennalien, am Ort seines großen Sieges, in Rom. Es waren vor allem zwei militärische Erfolge, die in der zeitgenössischen Propaganda herausgestellt wurden: der siegreiche Feldzug gegen Maxentius und die Erfolge bei der Abwehr der Franken an der Rheingrenze.

Nach den Siegen über Maxentius und Maximinus Daia teilten sich Konstantin und Licinius das Reich. Doch Konstantin wollte mehr. Er vertrat immer deutlicher seinen Anspruch auf Vorherrschaft gegenüber Licinius, was beispielsweise in dem Titel des *maximus Augustus*, des größten Kaisers, zum Ausdruck kam. Ferner schlug Konstantin dem Licinius vor, den ehemaligen Reichsteil des Maximianus, seines Schwiegervaters, wiederherzustellen. Für dieses Gebilde hätten beide Herrscher Teile ihres Gebietes zur Verfügung stellen müssen. Problematisch war für Licinius dabei die Person des Caesar, den Konstantin ins Auge gefaßt hatte: Es war Bassianus, der Mann seiner Halbschwester Anastasia. Konstantin hätte auf diese Weise ohne militärisches Eingreifen das von seiner Familie kontrollierte Gebiet vergrößert; dagegen setzte sich Licinius zur Wehr. Die Auseinandersetzung eskalierte zum Bürgerkrieg, als Licinius in seinem Reichsteil die Statuen Konstantins umstürzen ließ.

Eine erste Auseinandersetzung mit unentschiedenem Ausgang fand bei Cibalae in Pannonien am 8. Oktober des Jahres 316 statt. Es ist zwar immer noch strittig, ob die Schlacht 314 oder 316 geschlagen wurde, ein deutliches Zeichen der chronologischen Schwierigkeiten selbst für eine Zeit, die als gut dokumentiert gilt; wahrscheinlicher scheint mir allerdings das Jahr 316. Licinius zog sich anschließend nach Thrakien zurück, wo es in der Nähe von Philippopolis zu einem zweiten Aufeinandertreffen kam; Licinius mußte territoriale Verluste hinnehmen, unter anderem seine wichtige Residenz Sirmium in Pannonien räumen, und behielt in Europa nur noch wenige östliche Gebiete.

Zwischen 316 und 322 hielt sich Konstantin meist in Serdica/Sofia auf, von dem er gesagt haben soll (*Excerpta de sententiis* S. 2, Nr. 190 [Boissevain]): „Mein Rom ist Serdica." Dies war wohl als Programm gemeint und verwundert nicht angesichts des langen Aufenthaltes dort. Hier in Serdica war es auch, daß Konstantin, der nun zweifellos ein Übergewicht besaß, neue *Caesares* für das Gesamtreich proklamierte; dies war zwar ein Diktat des westlichen Herrschers, aber es demonstrierte nochmals Einmütigkeit mit Licinius. Drei Mitregenten waren es, die am 1. März 317 von Konstantin ernannt wurden: Licinianus, Crispus und Constantin II. Licinianus war der zweijährige Sohn aus der Ehe des Licinius mit Constantia, er wurde dem Licinius für den Osten beigesellt. Zwei *Caesares* waren für den Westen bestimmt, der zwölfjährige Crispus, ein illegitimer Sohn Konstantins, und Constantin II., den Fausta wenige Tage zuvor zur Welt gebracht hatte. Zwei der drei *Caesares* waren mit Konstantin verbunden, und seine Überlegenheit bei dieser vordergründigen Geste der Einmütigkeit kann durch eine Betrachtung der Konsulpaare der folgenden drei Jahre aufgezeigt werden. Jeder der drei neuen *Caesares* sollte zusammen mit einem *Augustus* das formal immer noch höchste Amt des römischen Staates bekleiden, und zwar in der Reihenfolge ihres Alters, also Crispus, Licinianus und Constantin II. Da das Herrscherkollegium nur zwei *Augusti* aufwies, für drei *Caesares* aber jedes Jahr ein kaiserlicher Partner benötigt wurde, durfte ein Kaiser zweimal die Ehre bekleiden, und dies war Konstantin. So bezeugen es die Inschriften:

318	Licinius V (zum fünften Mal)	–	Crispus Caesar
319	Konstantin V (zum fünften Mal)	–	Licinianus Caesar
320	Konstantin VI (zum sechsten Mal)	–	Constantin Caesar

Aus dem ersten Bürgerkrieg gegen Licinius war Konstantin demnach deutlich gestärkt hervorgegangen.

Was zur Propaganda alles herangezogen werden konnte, bewies Konstantin 318, als er eine Serie von Münzen prägen ließ, durch die er seine kaiserlichen Vorfahren feierte: den Gott Constantius, seinen leiblichen Vater, den Gott Maximianus, seinen Schwiegervater, und den Gott Claudius; letzterer war 310 als ‚Vorfahre' gefunden worden (S. 25). Überraschend ist hierbei, daß inzwischen aller Groll gegen Maximianus verdrängt war. Dabei spielte die Tatsache, daß Konstantins Frau Fausta an der Rehabilitierung ihres Vaters interessiert war, ebenso eine Rolle wie das Bemühen, der neuen Herrschergeneration des Crispus und Constantius II. möglichst viele bedeutende Vorfahren zu verschaffen.

Die Rheingrenze überließ Konstantin formell Crispus, praktisch dessen Generalen, während er selbst die Donaugrenze kontrollierte. Immer wieder kam es dort zu militärischen Auseinandersetzungen. Als er dabei 323 im Kampf gegen Sarmaten und Goten auch auf das Gebiet des Licinius übergriff, war dies kaum ein Zufall. Konstantin hatte seinen Vormachtanspruch immer und immer wieder propagiert, und jetzt demonstrierte er ihn auch militärisch. Damit war die Zeit der Gemeinsamkeit endgültig vorbei. Licinius ließ Siegesprägungen Konstantins einschmelzen und erneuerte in seinem Reichsteil den Druck auf die Christen. Sie durften sich nicht mehr zu Synoden versammeln und keine Bischöfe mehr weihen. Vielleicht wollte er damit jene Gruppe treffen, die im Westen von seinem Gegenspieler seit langem gefördert worden war, vielleicht wollte er auch die Folgen eines theologischen Streits, den um den alexandrinischen Kleriker Arius (S. 83), im Keim ersticken. Schließlich entfernte Licinius die Christen aus der Verwaltung und dem Heer und kehrte demonstrativ zur Verehrung des alten Sonnengottes zurück. In einem Truppenlager in Thrakien wurde „auf heiligen Befehl der beiden Herren Licinius, des Augustus, und Licinianus, des Caesar, ein Standbild des heiligen Sonnengottes geweiht" (*Dessau* 8940). Es sieht ganz so aus, als ob vor allem Licinius

Abb. 2: Das Labarum

die Frage der Religiosität in das Zentrum der ideologischen Auseinandersetzungen gerückt hat.

Manches spricht dafür, daß Konstantin in diesem Kampf zwar keinen neuen Gott, aber ein neues Feldzeichen eingesetzt hat, um seinen Truppen einen besonderen Impuls zu geben: das Labarum. Ein hoher vergoldeter Lanzenschaft trug eine Querstange, an der ein quadratisches, purpurnes, edelsteinbesetztes und golddurchwirktes Fahnentuch hing. Auf der Spitze befand sich das Christogramm im Lorbeerkranz; damit hatte Christus den Adler der alten Feldzeichen ersetzt. In dieser Form erscheint das Labarum fortan auf den Münzen. Es war wie die älteren Feldzeichen mit Kaiserportraits in Form von Medaillons geschmückt, die entweder am Schaft oder, wie in dem Beispiel, auf dem Tuch befestigt waren (Abb. 2). Das Labarum hatte keinerlei taktische Bedeutung, sondern war ein Siegeszeichen. Das Heer stand unter dem Schutz dieses Zeichens, es stand damit unter dem Schutz des Gottes, dessen Symbol es war; dies war der Grund für *spes publica*, für die Hoffnung des Staates. Früher hatten solche Feldzeichen kultische Verehrung erfahren, waren in einem besonderen Raum aufbewahrt, bekränzt und gesalbt worden; es entsprach dieser Vorstellung, daß das Labarum eine eigene Ehrenwache von 50 Mann erhielt.

Die militärische Entscheidung gegen Licinius fiel 324. Mit der größten Armee, die er je aufgeboten hat, brach Konstantin zum Kampf gegen Licinius auf: 200 Dreiruderer und 2.000 Transportschiffe mit 10.000 Matrosen lagen im Piraeus bereit, um 120.000 Soldaten und 10.000 Reiter aufzunehmen. Konstantin wollte Licinius endgültig beseitigen. In einer Doppelbewegung zu Lande und zu Wasser griff er den Mitherrscher an. Licinius unterlag trotz einer zahlenmäßigen Überlegenheit am 3. Juli bei Adrianopel. Als wenig später die Flotte Konstantins unter Crispus die gegnerische vor den Dardanellen vernichtete, war Byzanz von Licinius nicht mehr zu halten und wurde von Konstantin nach zweimonatiger Belagerung besetzt, wobei auch in diesem Fall eine Vision letzte Zweifel am Erfolg beseitigte (Zonaras 13, 1, 27–28): „Und in der Nähe von Byzanz erblickte er (Konstantin) nachts, als alle schliefen, ein Licht, welches das Lager des eigenen Heeres umleuchtete."

Den endgültigen Sieg über Licinius errang Konstantin bei Chrysopolis am 18. September. Durch die Vermittlung seiner Frau Constantia, der Halbschwester Konstantins, machte Licinius einen letzten, aber vergeblichen Versuch, seine Kaiserwürde zu behalten. Licinius wurde zunächst in die Verbannung geschickt, dann aber zusammen mit einigen hohen Hofbeamten hingerichtet. Konstantin ernannte einen weiteren Sohn, Constantius II., zum *Caesar* für den Osten. Konstantins Wille zur Macht, um die er 18 Jahre gerungen hatte, hatte gesiegt; ein langer, blutiger Weg war zurückgelegt. Damit war die Prophezeiung des Allgottes, die dieser Konstantin in der Person des Apollo von Autun gegeben und in der Person Christi bei der Schlacht an der Milvischen Brücke bestätigt hatte, erfüllt: Seit langer Zeit beherrschte wieder ein einziger das gesamte Reich.

8. Die Zeit der Alleinherrschaft

Die Zeit der Alleinherrschaft wurde von Konstantin genutzt, um die neuen inneren Strukturen des Reiches (S. 58–71), die teilweise von Diocletian geschaffen und während der gemeinsamen Regierung mit Licinius vorangetrieben worden waren, zu festigen. Nach dem Sieg über Licinius beeilte sich Konstantin, die Bewohner des Ostens für sich zu gewinnen. Die Gegner des Licinius, die sich vor allem in christlichen Kreisen fanden, waren leicht zu vereinnahmen. Eusebius überliefert einen umfangreichen Brief an die Provinzen des Ostens, der im Kern echt sein dürfte. Konstantin gewährte den von Licinius Verurteilten Amnestie; er verfügte ferner die Rückführung der Verbannten, hob Verurteilungen zur Zwangsarbeit auf, machte Statusminderungen rückgängig, stellte den vom Militärdienst suspendierten Christen die Rückkehr zu den Waffen oder die ehrenhafte Entlassung zur Wahl und verfügte den Ausgleich von Vermögensverlusten.

Wie bereits 312 propagierte Konstantin seine *clementia*, seine Milde, und setzte diese auch in die Tat um. Prominentestes Beispiel für die Übernahme hochstehender Beamten des Licinius ist dessen Prätorianerpräfekt Iulius Iulianus. Dessen Tochter heiratete Iulius Constantius, einen Halbbruder Konstantins; aus dieser Ehe ging der spätere Kaiser Iulian (361–363) hervor.

Hier soll ein knapper Überblick der letzten, etwas mehr als zwölf Regierungsjahre Konstantins folgen. Für die Anfangsphase fallen vor allem die familiären Regelungen ins Auge. Dazu gehörte die Einsetzung des siebenjährigen Constantius II. in den Rang eines *Caesar* sowie die Einbeziehung seiner leiblichen Mutter Helena und seiner Gattin Fausta in die Repräsentation des Kaiserhauses; beide, die wohl von Konstantin selbst zum Christentum bekehrt worden waren, erhielten den Ehrentitel einer Augusta. Konstantin stellte vor allem seiner Mutter Gelder für mildtätige Werke und Kirchenbauten zur Verfügung. Dies waren allesamt Maßnahmen, die als

Festigung der Dynastie zu verstehen sind. 325 war auch das Jahr des Konzils von Nicaea, was in Erinnerung ruft, daß die innerkirchlichen Auseinandersetzungen aufgrund der Entscheidung Konstantins für den Christengott zu Angelegenheiten des Staates geworden waren (S. 82–87). Vom September des Jahres stammt ein Gesetz, das zu Anzeigen von Personen aus der Umgebung des Herrschers, die möglicherweise etwas Illoyales getan hatten, ermuntert und dafür eine Belohnung verspricht. Auch diese Aufforderung zur Denuntiation begründete Konstantin damit, auf diese Weise werde ihm die höchste Gottheit immer gewogen bleiben (*Codex Theodosianus* 9, 1, 4). Kündigten sich hier Probleme in der Umgebung des Kaiser an, die bald für jeden offenbar werden sollten?

Bereits ein Jahr später spielte sich in der Familie Konstantins ein Drama ab, dessen Hintergründe wir nicht kennen. Konstantin befand sich auf dem Weg nach Rom, wo er die Feier seines zwanzigjährigen Regierungsjubiläums wiederholen wollte, als er völlig überraschend seinen ältesten Sohn Crispus verhaften ließ. Konstantins Ehefrau Fausta hatte diesen angeklagt, der Kaiser ließ ihn nach Pola in Istrien bringen und vergiften. Die Vorwürfe, die Fausta vorbrachte, sind unbekannt, den Tod des Stiefsohns überlebte sie selbst nur wenige Tage; Konstantin ließ sie in einem heißen Bad ersticken. Gleichzeitig erfaßte eine Säuberungswelle weitere Familienmitglieder und zahlreiche Freunde. Der anschließend propagierte Vorwurf gegen Crispus war unerlaubte Liebe zu seiner Stiefmutter, doch erklärt dies nicht, weshalb auch Fausta und ein großer Kreis von hochgestellten Freunden beseitigt wurden. Wer bei dieser angeblichen Affäre Täter und wer Opfer war, stand für die (männlichen) Althistoriker um die letzte Jahrhundertwende wie selbstverständlich fest, vor allem, wenn man den Altersunterschied der beiden Personen in Betracht zog (Otto Seeck, Zeitschrift für Wissenschaftliche Theologie 33, 1890, 70): „Er (Crispus) kaum zum Jüngling entwickelt, sie (Fausta) in dem gefährlichen Alter der femme de trente ans. Man weiß, daß gerade sehr junge Männer für alternde Frauen eine ganz besondere Anziehungskraft haben." Der Vorwurf sexueller Verirrungen war immer beliebt, um bei der Ausschaltung von politischen Gegnern als Begründung herzuhalten, ob es sich um die Vorgänge um Augustus und seine Tochter Julia oder um Hitler und Röhm handelte. Die Beseitigung vieler führender Persönlichkeiten deutet jedoch eher auf eine Verschwörung gegen Konstantin hin oder auf etwas, was dieser dafür hielt. Vielleicht hatte sich in seiner Umgebung die Erinnerung an das tetrarchische System des Diocletian gehalten, wonach seinerzeit der Herrscher nach 20 Regierungsjahren freiwillig abgetreten war. Erinnerte man Konstantin zu offensichtlich an dieses Vorbild? Drohte ihn die Geschichte einzuholen? Konstantin agierte oder reagierte jedenfalls mit der ihm eigenen Schnelligkeit und Härte; innerhalb der Familie hatte er fortan Ruhe. Hatte dieses Drama aber bereits einen Schatten auf die Feierlichkeiten des Jahres geworfen, so sollten ihm die anschließenden Ereignisse in Rom vollends die Festtagslaune verderben (S. 9–12).

Konstantin hatte schon mit der Vorstellung geliebäugelt, daß ein Herrscher wie er auch eine entsprechende ‚eigene', also neue Hauptstadt benötige; die Ereignisse in Rom und seine endgültige Abkehr von dem einstigen Zentrum des Reiches dürften ihn in seiner Entscheidung bestärkt haben. So entschloß er sich, eine Siegesstadt zu bauen, eine neue Hauptstadt, seine, Konstantins Stadt. Am 11. Mai 330 wurde dieses Konstantinopel eingeweiht (S. 89–93).

Größere Kriege hat Konstantin nach seinem Sieg über Licinius selbst nicht mehr führen müssen. Die meisten militärischen Auseinandersetzungen an den Grenzen des Reiches übernahmen seine Söhne. So siegte Constantin II. 328 über die Alamannen und feierte diesen Triumph zusammen mit seinem Vater in Trier. Seit diesem Jahr konnte auch die Donaugrenze weitgehend als gesichert gelten. Konstantin hatte bei Konstantiana Daphne eine neue Donaubrücke und von dort eine Straße ins Landesinnere anlegen lassen, um der an der Donau stets zu gewärtigenden Schwierigkeiten Herr zu werden. Zum einen konnte Goteneinfällen, wie sie sich dort unter Licinius ereignet hatten, vorgebeugt werden; zum anderen schuf sich Konstantin die Ausgangsbasis für einen Feldzug, wie er ihn 332 führte. Zu dieser Zeit griff er Truppenverbände der Westgoten, Taifalen und Carpen an, die wieder einmal auf Reichsboden drängten. Er soll damals 40.000 Goten als Foederaten, als Verbündete, angesiedelt haben. Als Gegenleistung hatte der Gotenkönig einen Sohn als Geisel zu stellen.

Das Ereignis wurde mit großem Aufwand propagiert. Auf Münzen wurde der Herrscher als ‚Besieger der fremden Völker' gefeiert. Vermutlich in diesem Zusammenhang nahm Konstantin die Bezeichnung ‚Triumphator' als dauerhaften Bestandteil in seine Titulatur auf. Er war nun *maximus victor ac triumphator semper Augustus*, größter Sieger und Triumphator (und) immerwährender Kaiser. In diesem Zusammenhang ist der Wechsel des Beinamens von *invictus*, der Unbesiegbare, in *victor*, der Sieger, als Zeichen der Veränderung einer religiösen Konzeption bemerkenswert. Es gab keinen entscheidenden Unterschied bis auf den, daß *invictus* seit langem als Götterattribut verwandt worden war, vor allem eben für Sol, aber auch für andere. Diese Erinnerung wurde allmählich gelöscht. Es dauerte geraume Zeit, bis sich die neue Titulatur überall durchsetzte; so ganz hatte man die Änderung in Lambaesis in der Numidia noch nicht verstanden, als man dort eine Inschrift für Konstantin errichtete, „den unbesiegbaren (*invictus*), frommen (und) glücklichen Kaiser, den Sieger (*victor*)" (*Corpus Inscriptionum Latinarum* 8, 2721 bzw. *Dessau* 689).

Seit Jahrhunderten bezeugte in Rom die Sieghaftigkeit des Kaisers seine Befähigung zur Herrschaft. Das Thema des Sieges verlangte selbstverständlich Opfer und Besiegte. Durch das Instrument der Siegesbeinamen konnten die entsprechenden Erfolge der Reichsbevölkerung bekannt gemacht werden, sei es auf Münzen, sei es auf Inschriften. Der Kaiser war dann beispielsweise *Parthicus*, Partherbesieger, oder gar *Parthicus maximus*, größter Partherbesieger.

Seit diocletianischer Zeit steigerten die Herrscher diese Demonstration der Siegerqualitäten, indem sie nach wiederholten Erfolgen über den gleichen Gegner dem entsprechenden Siegestitel die jeweilige Zahl beifügten; dabei wurden in Zeiten mehrerer Herrscher die Siegestitel jedes einzelnen auch von allen anderen übernommen. So kam bereits 318 bei Konstantin eine stattliche Liste zusammen: *Ger*(*manicus*) *maximus III*, *Sar*(*maticus*) *max*(*imus*), *Brit*(*annicus*) *max*(*imus*), *Carp*(*icus*) *max*(*imus*), *Arab*(*icus*) *max*(*imus*), *Med*(*icus*) *max*(*imus*), *Armen*(*iacus*) *max*(*imus*), *Goth*(*icus*) *max*(*imus*); hier werden Siege über Germanen, Sarmaten, Britannier, Carpen, Araber, Meder, Armenier und Goten gewürdigt (*Corpus Inscriptionum Latinarum* 8, 8412 bzw. *Dessau* 696). Neben solchen konkreten Anlässen wie dem eben erwähnten Gotensieg feierte man Konstantin generell als *ubique victor*, als Sieger überall, oder als *victor omnium gentium*, Sieger über alle Völker. Unter einem solchen Herrscher, dies suggerierten derartige Formulierungen, lebte es sich sicher und in Frieden.

Stärke und Sieghaftigkeit spielten auch in der Dichtung eine große Rolle, die wie alle zeitgenössische antike Kunst den Herrscher preist. Ein Künstler besonderer Art war Publilius Optatianus Porphyrius; vom Kaiser verbannt, wandte er sich an den Herrscher mit einer Sammlung von zwanzig Preisgedichten. Besonders auffallend an diesen Gedichten waren die formale Spielerei und die gekünstelte Formgebung. Das hier abgedruckte Beispiel (Abb. 3) ist nicht nur ein Akrostichon, ein Gedichttyp, bei dem die Anfangsbuchstaben eines jeden Verses zusammen gelesen eine Charakterisierung des Kaisers bieten, sondern zugleich ein Telestichon, denn für die Schlußbuchstaben gilt das gleiche; schließlich fügen sich auch die jeweiligen vierzehnten Buchstaben zum besonderen Lob des Herrschers zusammen.

F	ORTIAFACTADV	C	ISTOTODOMINANTIAIAMNVN	C
O	RBECANAMQVIS	L	AETASVOSVBPRINCIPETANT	O
R	VRSVMROMATEN	E	TMVNDICAPVTINCLITACARME	N
T	VVATEMTVDIVA	M	ONELACERATACRVENTI	S
I	MPERIISPARSV	E	SSAPOLIDIVISAGEMEBA	T
S	CEPTRAETAVSO	N	IAEMAEREBATPERDITAIVR	A
S	IQVAFIDESTAN	T	ISROMANVMGLORIANOME	N
I	NSIGNITTITVL	I	SDOMINOSETLIBERAQVAERVN	T
M	AESTAQVEIVRE	S	VOTREPIDATPLAGAMAXIMAMVND	I
V	NDEIVBARLVCI	S	PRIMVMRADIANSHYPERIO	N
S	IDERIBVSPVLS	I	SRVTILODIFFVNDITABORT	V
I	NDETVVMNOMEN	M	VLTVMVENERABILECVNCTI	S
M	AXIMEBELLANT	V	MDOMITORLVXVNICAMVND	I
P	ERPETVISVOTI	S	CVPIVNTMEMORABILENVME	N
E	XOPTANTSERVI	R	EVOLVNTMIRABILEDICT	V
R	EMQVELAREMQV	E	SVVMTANTAESTTIBIGLORIAIVST	I
A	VGVSTEIVVATE	C	CETVOSVBFOEDEREIAMNVN	C
T	OTVMORBEMPOS	T	TOTCAEDESQVASFESSAGEMEBAN	T
O	MNIANVNCNVLL	O	TANDEMTREPIDANTIAMOT	V
R	OMVLEISSERVI	R	EPIISPATERINCLITEIVSSI	S

Abb. 3: Gedicht des Optatianus Porphyrius

(Die tapferen Taten des Führers, die schon jetzt den ganzen Erdkreis beherrschen, will ich besingen, durch die unter ihrem so großen Kaiser das frohe Rom – Hauptstadt der Welt –, das berühmte, den Gesang wieder beherrscht. Du Göttin [Muse], du lehre den Sänger! Der von blutgieriger Tyrannei [des Licinius] zerfleischte und erschöpfte Teil des Himmelsgewölbes [des Ostens des Reiches] seufzte über die geteilten Szepter [Macht] und trauerte über die verlorenen Rechte Ausoniens [Italiens]. Wenn man irgendetwas glauben darf, so ist es, daß Gloria [die Göttin des Ruhms] den römischen Namen mit so großen Ehrentiteln ausgezeichnet hat, daß freie Völker Herren suchen und die Trauer verursachende größte Plage der Welt um ihr Recht[sgebiet] fürchtet. Von wo Hyperion [die männliche Sonne], den ersten Glanz des Lichts aussendend, nachdem er die Sterne vertrieben hat, vom rötlichen Aufgang her sich ausbreitet, von dort verlangen sie [die Völker des Ostens] nach deinem allen hoch ehrenwerten Namen – [du] größter Bezwinger der kriegerischen Völker, [du] einzigartiges Licht der Welt – in fortwährenden Gebeten; deine denkwürdige Gottheit wünschen sie sehnlich herbei, sie wollen ihr dienen – Wunder zu sagen – und dem Staat und seiner Schutzgottheit: So groß ist deine Gerechtigkeit, Augustus! Siehe, schon jetzt freut sich unter deinem Schutz der ganze Erdkreis nach soviel Blutvergießen, über das alle Erschöpften seufzten, die jetzt endlich vor keinem Krieg [mehr] zittern, nachdem ihnen befohlen wurde, den frommen Söhnen des Romulus [Roms] zu dienen, o ruhmreicher Vater.)

Das lange Gedicht beschreibt das, was die durch die besondere Form herausgehobenen Worte nochmals auf den Punkt bringen: *fortissimus imperator, clementissimus rector, Constantinus invictus*. Konstantin, den wir als unbesiegten des öfteren kennengelernt haben, wird hier als stärkster Kaiser und mildester Lenker gepriesen. Der Appell an die Milde des Herrschers blieb nicht erfolglos; Konstantin rief Optatianus aus der Verbannung zurück und machte ihn später sogar zweimal zum Stadtpräfekten von Rom.

Die Botschaft der kaiserlichen Sieghaftigkeit stellte nicht nur ein wichtiges Thema in offiziellen Zeugnissen dar und spiegelt sich nicht nur in der Dichtung, sondern sie findet sich beispielsweise auch auf einem ‚Würfelturm', einem Gerät, mit dem Spielwürfel ‚automatisch' gemischt werden konnten. Auf ihm stand den Spielern beständig vor Augen: *Pictos victos, hostis deleta, ludite securi*; die Picten sind besiegt, der Feind ist zerstört, (nun) spielt sicher. Da man bei solchen Sinnsprüchen mit sechs Buchstaben, gemäß den sechs Flächen des Würfels, auskommen mußte, nahm man bei dieser Umsetzung großer Politik in kleine Münze gelegentlich grammatische Unschärfen in Kauf.

In innenpolitischer Hinsicht ist in jener Zeit lediglich der Aufstand des Calocaerus, des Leiters der kaiserlichen Kamelzucht, des *magister camelorum*, zu erwähnen, der sich auf Zypern zum Gegenkaiser hatte ausrufen lassen. Was ihn zu diesem Schritt veranlaßte, bleibt völlig im Dunkeln, doch wurde Konstantin dieses Problems rasch Herr. Am

25. Dezember 333 ergänzte Konstantin das Caesarenkollegium wieder auf drei Personen, indem er seinen jüngsten Sohn Constans mit dieser Würde betraute. Die Herrschaft Konstantins war gefestigt; es war seine Dynastie, auf die er hoffte, in der Zukunft bauen zu können. Constantin II., der älteste Caesar, war beinahe 20 Jahre im Amt, Constantius II. feierte 334 bereits die Decennalien. Diese Herrschaft einer Dynastie, die in der Person Konstantins gleichsam gebündelt war, wird durch die offizielle Präsentation der betreffenden Personen bildlich greifbar. Im Herrscherportrait prägen sich die ikonenhaften Züge immer weiter aus, so daß die Grenze zwischen demjenigen des Vaters und denen der Söhne nicht mehr zu ziehen ist: Konstantins Bild wird damit zum Portrait der ganzen Dynastie.

So konnte Konstantin 335 mit großem festlichem Aufwand in Konstantinopel seine Tricennalien, die Feier des dreißigsten Regierungsjubiläums, begehen, die weitaus angenehmer verlief, als es noch zum gleichen Anlaß ein Jahrzehnt zuvor in Rom der Fall gewesen war. Seit Augustus (27 v.–14 n. Chr.) hatte kein Kaiser so lange geherrscht, und es schien, als könne Konstantin dessen Regierungszeit erreichen, denn er war zwischen 48 und 65 Jahren alt (S. 19). In Konstantinopel hielt Eusebius von Caesarea ihm die Festrede (S. 105).

Noch im Jahre 335 begannen umfangreiche Vorbereitungen für einen großen Feldzug gegen das Perserreich. Der gesamte Vorgang wird durch die antike Geschichtsschreibung eher verdunkelt als aufgeklärt; Anekdoten knüpfen sich an den Anlaß, der Tod Konstantins überlagert die Schilderung des anfänglichen Verlaufs (S. 107). Es waren kaum unterschlagene Edelsteine, wie manche Autoren berichten, welche die römisch-persischen Auseinandersetzungen verursachten. 298 hatte Diocletian den Persern Armenien und Teile Mesopotamiens entrissen, was früher oder später nach den Regeln antiker Außenpolitik zu einem Krieg führen mußte. Beide Seiten rüsteten seit langem, sowohl Schapur II. als auch Konstantin.

In die Vorbereitungen zum Perserkrieg wurden der Halbbruder Konstantins, Dalmatius, vor allem aber dessen Söhne einbezogen, die wichtige Ehrungen erhielten. Hannibalianus, nicht mit dem gleichnamigen Halbbruder Konstantins zu verwechseln, wurde durch die Heirat mit Konstantins Tochter Constanti(n)a eng an die Dynastie gebunden. 335 erhielt er den Titel *rex regum Ponticarum gentium*, König der Könige der Pontischen Völker, für Armenien. Der andere Sohn, ebenfalls ein Dalmatius, wurde *Caesar* für Thrakien, Makedonien und Achaia und organisierte dann militärische Operationen an der syrischen Grenze. Diese Vorbereitungen waren im Frühjahr 337 abgeschlossen.

Dem Plan des Feldzugs entsprechend war das Heer Konstantins in zwei große Abteilungen aufgeteilt. Von Konstantinopel brach eine Armee auf dem Landweg in den Osten auf. Der Herrscher selbst segelte mit der gesamten Flotte, die an der kleinasiatischen Küste entlang nach Syrien fahren sollte, durch den Golf von Astakos/Izmit nach Pythia Therma. Hier erkrankte Konstantin und suchte daher die warmen Bäder des Ortes auf. Als sich sein Gesundheitszustand weiter verschlechterte, zog er nach Helenopolis und von dort schließlich in das unmittelbar benachbarte Nikomedien, wo er zu Pfingsten 337 starb.

9. Ordnung und Neuordnung des Staates

In der Regierungszeit Diocletians und der konstantinischen Dynastie wurden die Grundlagen für die Stabilität des oströmischen Reiches gelegt, die nicht unwesentlich dazu beitrugen, seinen Bestand für mehr als ein Jahrtausend zu garantieren. Denn das Reich der Römer (Rhomäer), das Reich von Byzanz, sollte als politische, organisatorische und wirtschaftliche Kraft alle westlichen Reiche übertreffen.

a) Der Hof

Die Entstehung und Ausbildung des spätantiken Hofes fällt etwa in die eben beschriebene Zeit von 284 bis 363. In diesem Transformationsprozeß bildete die Regierungszeit Konstantins aufgrund der langen Dauer seiner Herrschaft vielleicht die wichtigste Epoche. Seit Diocletian formte sich dieser Hof als zentrales Herrschaftsgebilde, durch das die Augusti und Caesares regierten. Wo auch immer sich der kaiserliche Hof befand, ob in Trier, Serdica, Nikomedien oder Konstantinopel, er fungierte als politische Schaltzentrale, in der zum einen die wesentlichen politischen Entscheidungen beraten und gefällt wurden. Zum anderen war dies auch der Ort, an dem der Senatsadel als politisch führender Stand präsent und somit in den dortigen Prozeß der Entscheidungsfindung einbezogen war.

Eusebius berichtet ausführlich über die Einrichtung der Hofbeamtenschaft, wobei er darauf verweist, Konstantin habe nicht nur zur Verherrlichung der Kirche Gottes Großes geleistet, sondern darüber auch die Regierungsaufgaben nicht vernachlässigt. Als freigebiger und gnädiger Wohltäter, als den er den Herrscher immerzu beschreibt, regelte dieser um 330 die Vergabe des Rangprädikats *comes*, Begleiter, und „zeichnete jeden seiner Freunde durch unterschiedliche Ehren und Würden aus" (Eusebius, *Leben Konstantins* 4,1). Der Kirchenhistoriker verdeutlicht die Vergabepraxis solcher Ehrungen durch Konstantin und listet dabei die einzelnen Ehren unter

Berücksichtigung des sozialen Stellenwerts auf: den Rang eines Konsuls, eines Senators, eines Provinzstatthalters, dann die Ehre eines Begleiters erster, zweiter oder dritter Klasse und schließlich die Ehre des *vir perfectissimus*, des früheren Ritters. Die ‚Begleiter'-Titel erscheinen hier als ein sozialer Status für Personengruppen, deren Prestige sich aus dem Grad der persönlichen Nähe zum Herrscher ergab. Mit der Vergabe dieses Titels gelang Konstantin eine Neubewertung des ‚Dienstes' am Hof, der dadurch auch für die alte Aristokratie erstrebenswert wurde.

Eine wahre Inflation des *comes*-Titels war die Folge. Der *comes provinciarum* verwaltete eine Provinz oder der *comes stabuli* die kaiserlichen Ställe. Der *comes et magister officiorum*, der verschiedenen Büros vorstand, und der *comes et quaestor sacri palatii*, der die kaiserlichen Entscheidungen konzipierte und formulierte, gehörten zum kleinen Kreis der höchsten Führungskräfte, zu den Mitgliedern des Rates.

Dieser ‚heilige Rat' (*sacrum consistorium*), diejenigen, die den Kaiser umstanden, bildete die politische Schaltzentrale des spätantiken Staates. In diesem Thronrat fanden Beratungen und Verhandlungen statt, fielen schließlich jene Entscheidungen, die dann als solche des Herrschers ausgegeben wurden. Entsprechend ist davon die Rede, daß in diesem Rat Männer sitzen, die „unsere Entscheidungen hören" (*Codex Theodosianus* 6, 22, 8) oder „die Sorgen teilen, die die kaiserliche Brust belasten" (*Codex Theodosianus* 7, 8, 3).

Der Hof des Herrschers, die Schaltzentrale der Macht, war heilig, *sacer*, so heilig wie das Innere eines Mysterientempels, aus dem die eigentlichen Geheimnisse nicht in die profane Öffentlichkeit hinausdrangen. Es waren ‚heilige Geheimnisse' (*sacra secreta*), die den Palast zum hermetisch abgeschirmten Raum machten. Jeder spätantike Geschichtsschreiber sah sich mit der Schwierigkeit konfrontiert, daß die Herrscher nicht nur von konkreten Mauern, sondern auch von einer Mauer des Schweigens umgeben waren: „Es war unmöglich, Genaues über die einzelnen Handlungen des Kaisers Gratian und seine Wesensart herauszufinden. Denn die Vorgänge im Kaiserpalast wurden geheimgehalten und zwar ganz streng. Auch war nichts durch sorgfältige Untersuchungen zu ermitteln. Denn was von den einzelnen berichtet wird, enthält zahlreiche und vielgestaltige Differenzen und verdeckt und verbirgt als einziges die Wahrheit wie einen geheimen Schatz." Was Eunapius über Gratian schrieb (*Excerpta* 48 [Niebuhr] S. 83), gilt für Konstantin gleichermaßen. Es ist dabei daran zu erinnern, daß diese Sicherheitszone, die der Hof darstellte, auch ein Tabu für Magier, die Feinde des Menschengeschlechts, für Wahrsager, Astrologen und Traumdeuter bildete, weil er einen sakralen Bereich darstellte. Der Hof und alles, was sich in ihm abspielte, waren wegen dieser Geheimniskrämerei ein Objekt von Spekulationen und Klatsch, wozu beispielsweise auch all das gehörte, was den persönlichen Glauben einzelner Herrscher betraf.

Nach der übereinstimmenden Aussage einiger spätantiker Autoren änderte Diocletian das Hofzeremoniell. Er habe als erster, so berichten sie, die *salutatio*, die Begrüßung, wie sie den Herrschern und anderen Würdenträgern des Reiches gebührte, durch die *adoratio* ersetzt. Unter dieser *adoratio* ist die Form der huldigenden Begrüßung zu verstehen, bei der die zum offiziellen Empfang Zugelassenen vor dem Kaiser den Kniefall machten. Dieser hielt ihnen einen Zipfel des kaiserlichen Purpurgewandes hin, den jene ergriffen und an ihre Lippen drückten.

Mit den Regelungen Diocletians und Konstantins lösten sich die Kaiser endgültig aus der Gesellschaft und formalisierten damit das Kaisertum selbst. Sie ritualisierten alle Aspekte und Traditionen, die den römischen Herrscher schon längst über alle Sterblichen erhoben hatten. Sie inszenierten ein Hofzeremoniell, das darauf abzielte, die Distanz zwischen Kaiser und Untertan als prinzipiell unüberbrückbar darzustellen. Dem Kaiser gegenüber, der hoch über allen thronte, waren sogar die Mitglieder der Führungsschicht nivelliert. Die Distanz, die den Herrscher von allen trennte, ließ sich auch räumlich und gestisch darstellen: Während er selbst bei den Audienzen saß, hatten alle anderen zu stehen.

Zu welchen Steigerungen dieses Zeremoniell in byzantinischer Zeit fähig war, will ich anhand von Beschreibungen aus dem 10. Jahrhundert andeuten. Der Thronraum war nun vollends zur Bühne geworden, alles mit opernhafter Regie aufgebaut. Teppiche und Prunkgewänder, Lorbeer und Blumen zierten die Wände, der Boden wurde mit Efeu, Rosmarin und anderen Blüten bestreut. Vor dem Thron des Kaisers stand ein eherner, aber vergoldeter, mit Edelsteinen und Purpur verzierter Baum, in dessen Zweigen künstliche Vögel verschiedenster Art saßen, die den Gesang lebender Tiere imitieren konnten. Als Wächter des Thrones dienten Löwen, aus Metall oder Holz gefertigt und ebenfalls mit Gold überzogen.

Während man sich dem Kaiser näherte und zum ersten Mal auf den Boden warf, begannen Orgeln zu spielen. Dann fingen die künstlichen Vögel in den künstlichen Bäumen an zu zwitschern, und die Löwen schlugen mit den Schweifen auf den Boden, und mit offenem Rachen und beweglicher Zunge hoben sie ein Gebrüll an. Der zweite Kniefall ließ diesen Lärm ebenso plötzlich und unvermutet wieder verstummen, wie er begonnen hatte. Der Kaiser saß währenddessen erhöht, gut sichtbar und schweigend auf seinem Thron. Unmittelbar vor diesem Thron erfolgte die dritte Proskynese. „Als ich nun zum dritten Male niedergefallen war und den Kopf emporrichtete, da erblickte ich den Kaiser, den ich vorher auf einer mäßigen Höhe hatte sitzen sehen, fast bis an die Decke emporgehoben und mit anderen Kleidern angetan als vorher." So beschreibt der Gesandte Ottos I., Liudprand, im 10. Jahrhundert den Audienzablauf (*Antapodosis* 6, 5).

Pracht und Aufwand sind effektive Instrumente der Politik, nicht nur äußerliche Mittel, in vordergründiger Weise Eindruck zu machen. Zu betonen ist dabei, daß die Zeremonie dem antiken Menschen nie Gegensatz zum Wirklichen, sondern Ausdruck der Wirklichkeit auf einer neuen und höheren Ebene war: Der Herrscher war das Zentrum, der ruhende Pol. Er erhob sich nie, saß immer höher als der Empfangene stand und nickte kaum mit dem Kopf zur Begrüßung. Diese Starrheit war Starrheit auch im Glauben an die Richtigkeit einer Idee.

Dennoch war dieses Zeremoniell zu feinen Unterschieden fähig. Bei Audienzen konnten die abgestuften Annäherungsweisen den Rang der dabei Beteiligten genau widerspiegeln. Die Reihenfolge, in der die Personen zur Audienz zugelassen wurden, teilte sie in eine Rangordnung ein. Zu der eben beschriebenen, huldigenden Begrüßung, der *adoratio*, durften nur Mitglieder der überregionalen Führungsschicht erscheinen, genauer gesagt: Die Zulassung zur *adoratio* wurde zum Ausdruck der Qualifikation, der hierarchisch gegliederten Priesterschaft-Führungsschicht anzugehören – einer Weihe durchaus nicht unähnlich. Hinzu kam, daß die *adoratio* den feierlichen Höhepunkt mancher erfolgreich abgeschlossenen Laufbahn und Dienstzeit bildete. Den Mitgliedern zahlreicher Beamtenkollegien wurde, nachdem sie die höchste Stufe ihres Dienstes erreicht hatten, der Abschied in der Form erteilt, daß sie an einer solchen Massenaudienz teilnehmen durften. Das *adorare* des heiligen Purpurs war wie kein anderer Vorgang geeignet, die Bindung an den Monarchen als Fixpunkt des Systems sichtbar herauszustellen.

Wie der Begriff *adoratio* selbst, so waren der gesamte Ritus und die diesen bezeichnenden Termini sakral geprägt. Schon seit Beginn der Kaiserzeit rückte manches die Herrscher in die Nähe der Gottheiten. Dazu gehörte die Aufnahme verstorbener sogenannter guter Kaiser unter die Götter ebenso wie der offizielle Kaiserkult. Schon lange vor Konstantin war der Palast des ‚allerheiligsten Kaisers' zum ‚heiligen Palast' und sein Haus zum ‚allerheiligsten Haus' geworden. Das ‚heilige Gefolge' wurde der Begriff für das mobile Machtzentrum des Herrschers, das mit ihm im Reich herumreiste. Alles, was mit der Person des Herrschers in Verbindung stand, erschien in offiziellen Dokumenten als ‚heilig', selbst so vordergründig profane Dinge wie *sacra moneta*, die ‚heilige Münzprägestätte'. Der kultische Begriff *sacer* hatte etwas mit der sakralen Legitimation der Herrscher zu tun, sei es, daß sie selbst Götter waren oder ihre Macht direkt von den Göttern ableiteten.

Doch erst seit Diocletian und Konstantin vollzog sich in der Tiefe des Palastes, wie im Innersten eines Heiligtums, zu dem nur eine Priesterschaft Zutritt hat, in einer anbefohlenen Atmosphäre andächtigen Schweigens ein sakral-liturgisches Zeremoniell: die Anbetung. Aus diesem Allerheiligsten, ich zitiere ein Gesetz des 4. Jahrhunderts (*Codex Theodosianus* 1, 15, 8), drangen die Verfügungen des Kaisers über seine Beamten als *oracula*, als Göttersprüche, in die Außenwelt; ihre Mißachtung galt als Sakrileg. Auf die religiöse Sphäre verweist auch das seit altorientalischer Zeit vertraute zeremonielle Schweigen in Gegenwart des Kaisers. Wer auf solche Weise mit dem ‚Gott' in Kontakt gekommen war, stand unter seinem besonderen Schutz und konnte dann auch in den Genuß handfester materieller Vorteile gelangen. Die wichtigste Wirkung der kultischen Absonderung und der damit einhergehenden sakralen Überhöhung des Herrschers lag darin, der Reichsführungsschicht wie auch den engsten Familienmitgliedern jeden Gedanken an Gleichstellung zu rauben. Alle Formen des Zeremoniells zielten deshalb auf Unterwerfung ab.

Die sakrale Formensprache galt aber nicht dem Kaiser als Individuum, sondern der Person nur insoweit, als sie kaiserliche Qualität besaß. Und diese Form vermochte schließlich über den Inhalt zu triumphieren. Was in der Kaiserzeit undenkbar war, konnte nun eintreten: Das römische Kaisertum wurde von Säuglingen repräsentiert wie dem nur wenige Tage alten Constantin II. im Jahre 317. Es spielte eben formal keine Rolle, von wem der Purpur, den man bei der Audienz küßte, getragen wurde. Die Ehrung des Symbols kaiserlicher Macht rückte in den Vordergrund, der individuelle Mensch trat hinter der Idee zurück.

Im Mittelpunkt der Verehrung stand das formalisierte Kaisertum, die mit Hilfe von Zeremonien und Insignien eindeutig als solche erkennbare absolute Monarchie. Das Bild von Herrscher und Reich, das in einem monarchischen Schaubild gesehen und an das geglaubt wurde, konnte nicht weiter erhöht werden. Im Zentrum stand die alles beherrschende Gestalt des Kaisers, der als Mensch in die göttliche Sphäre erhoben erschien – bildlich und real. Im Umgang mit dem

Herrscher drückten jegliche Zeremonie, alle Bewegungen und Gebärden, die unterschiedlichen Gewänder und die Insignien die Überlegenheit des einen und die Unterlegenheit aller übrigen aus. Je unpersönlicher der Kaiser dabei agierte, besser gesagt, nicht agierte, desto mehr war er befreit von allem Menschlichen, war er Träger eines heiligen, ewigen Amtes, versinnbildlichte er sich selbst und seinen Staat. Form und Inhalt waren hier, wie in allem höfischen Leben, eins.

b) Der Staat

Diocletian hatte die Trennung zwischen den noch aus der Republik stammenden Magistraturen und den kaiserlichen Dienststellen überwunden und eine neue, militarisierte Reichsverwaltung geschaffen, die hierarchisch straff durchgegliedert, dabei völlig auf den Herrscher konzentriert und ihm allein verantwortlich war. Der Kaiser war gleichsam der oberste Beamte des Reiches. In seinen Händen waren alle Vollmachten für den zivilen und militärischen Bereich vereinigt. Er war oberster Militärbefehlshaber, oberster Richter und hatte die Macht, Gesetze und steuerrechtliche Verfügungen zu erlassen. In einem beschränkten Maße waren ähnliche Befugnisse den *Caesares*, den Thronanwärtern, eingeräumt.

Diocletian begann mit den Maßnahmen zur Trennung von Zivil- und Militärverwaltung, die Konstantin vollendete. Zu Diocletians Konzept gehörte, daß er die Territorialverwaltung dezentralisierte, indem er seinen Mitregenten einzelne Reichsteile zuwies und Diözesen unter der Leitung von Vikaren als neue territoriale Organisationsformen zwischen dem Hof und den Provinzen einschob. Die seit der Kaiserzeit zu beobachtende Zersplitterung der Provinzen setzte sich dabei rapide fort. Hatte es bis zur diocletianischen Zeit etwa 50 Provinzen gegeben, so verdoppelte sich deren Zahl durch die Verwaltungsreform zu Beginn des 4. Jahrhunderts; Hand in Hand mit einer Vergrößerung und Neustrukturierung der jeweiligen Büros diente dies dazu, die Effizienz der Verwaltung zu steigern.

Konstantins Reformen möchte ich, auch wenn sie sich seit 312 über einen großen Zeitraum hinweg erstreckten, hier zusammenfassend behandeln; die damit verbundene chronologische Unschärfe entspricht dabei nicht selten unserem tatsächlichen Kenntnisstand. Ich werde mich dabei im wesentlichen auf die Veränderung der Prätorianerpräfektur konzentrieren, weil sich an diesem Amt die Konzepte der spätantiken Verwaltung aufzeigen lassen.

Nach der Übernahme der Herrschaft im Westen hatte Konstantin 312 sofort begonnen, die Prätorianerpräfektur ihrer militärischen Kompetenzen zu entkleiden und sie auf Aufgaben in der Zivilverwaltung, insbesondere auf den Bereich der regelmäßigen Steuererhebung, der *annona*, und der Rechtsprechung, zu beschränken. Licinius übernahm diese Reformen in seinem Reichsteil – wie man generell den Eindruck hat, daß die beiden Herrscher ihre Maßnahmen lange Zeit miteinander abstimmten. Konstantin machte aus der ehemals ritterlichen Prätorianerpräfektur ein senatorisches Amt. Die direkten militärischen Befugnisse der Prätorianerpräfektur, wie Befehlsgewalt und Gerichtsbarkeit über das Heer, übertrug der Kaiser den Heermeistern, deren Amt neu eingerichtet worden war.

In den neuen Provinzen war das Militärische von dem Zivilen getrennt. Anders als in der Kaiserzeit war der jeweilige Statthalter nun nicht mehr für die Verteidigung, sondern ausschließlich für die Rechtsprechung und Finanzverwaltung zuständig. Dadurch sollte die Verwaltung effektiver gestaltet werden. Durch die weitgehende Abkoppelung der militärischen Aufgaben und ihre Verlagerung auf Sonderbeamte konnte der langwierige Prozeß der Umwandlung des Heerwesens zum Abschluß gebracht werden. An dessen Ende stand die Teilung des Heeres in Frontsoldaten, bewegliche Eliteeinheiten und Hoftruppen.

Den Wert dieser Reform einzuschätzen ist schwierig. Wenn antike Historiker dies taten, so geschah es nie vorurteilsfrei; an der Person Konstantins entzündeten sich rasch die Diskussionen. Zosimus, der Konstantin gegenüber äußerst kritisch eingestellt war, bemerkt zu der Maßnahme (2, 33, 4): „Was die genannte Ordnung in Kriegs- wie Friedenszeiten an Schaden anrichtete, will ich sofort darlegen: Da die Prätorianerpräfekten (vorher) einerseits die gesamten Abgaben durch ihre Untergebenen eintrieben und diese Einkünfte zum Unterhalt der Truppen verwendeten, sie andererseits aber die Soldaten in ihrer Gewalt hatten und sie nach Gutdünken wegen ihrer Vergehen zur Rechenschaft ziehen konnten, hatten diese guten Grund, daran zu denken, daß derjenige, der ihnen den Lebensunterhalt gewährte, auch in der Lage war, Schuldige zu belangen, und wagten darum nicht, ihre Pflichten zu verletzen und zwar aus Furcht vor Entzug der Lebensmittel und vor unmittelbarer Bestrafung." Mit der Trennung dieser Aufgaben in diejenigen der Präfekten, die für den Lebensunterhalt sorgten, und diejenigen der Heermeister, die für die Disziplin verantwortlich waren – um die beiden Bereiche klarzustellen, die Zosimus erwähnt –, ging für den spätantiken Historiker eine wesentliche Schwächung des Militärs Hand in Hand. Ich bezweifle, daß er hier nur aus schierer Bosheit geifert.

Gegen das Konzept des Zosimus stehen moderne Überlegungen, die wie folgt aussehen können: Für diese neu gegliederte Reichsverwaltung brauchte Konstantin neue Männer, denn die Vergangenheit hatte gezeigt, daß es immer schwieriger geworden war, an dem alten Ideal des Politikers festzuhalten, an dem Senator mit herausragenden militärischen Fähigkeiten *und* qualifizierten juristischen Kenntnissen sowie großen Erfahrungen im Steuerwesen. Konstantin entschied sich letzten Endes für zwei Kategorien von Spezialisten: für den militärisch Ausgebildeten auf der einen und den Verwaltungsfachmann auf der anderen Seite. Diese modern anmutende Vorstellung möchte ich nochmals an den Veränderungen der Prätorianerpräfektur deutlich machen. Der Präfekt stand einem räumlich begrenzten Verwaltungsbereich vor mit einer eigenen Organisation, getrennt von der Zentralverwaltung. Seine Kompetenzen lagen im Steuerwesen, in der Appellationsgerichtsbarkeit und in der Aufsicht über die zivile Territorialverwaltung; im Rahmen dieser Kompetenzen bestanden administrative Bindungen an den Hof, dem er allerdings nicht mehr angehörte. Für uns sieht es so aus, als ob eine solche Regelung der Zuständigkeiten im Interesse der Verwaltung und der Bürger gelegen hätte. Ich bin allerdings nicht ganz sicher, ob der spätantike Mensch dies ebenso empfand, denn viele gingen wie Zosimus von einer Verwaltung aus, bei der sämtliche Aufgaben in einer Hand vereinigt waren.

Mit der Prätorianerpräfektur reformierte Konstantin auch das Steuerwesen, indem er zwar an unterschiedliche bislang praktizierte Steuersysteme anknüpfte, diese aber vereinheitlichte. Die spätantike Zensuseinteilung geht auf Diocletian zurück, der, wie andere Herrscher vor ihm, eine reichsweite Volkszählung und Landvermessung hatte durchführen lassen. Die auf diese Weise zustandegekommenen Register und die Steuerrollen wurden zunächst alle fünf Jahre, seit 312 alle 15 Jahre überprüft und aktualisiert.

Die Hauptquellen für das Steuereinkommen des römischen Reiches lagen in der jährlichen Grundbesitz- und Bodenertragssteuer (*annona*), zu der jeder Besitzer von Grund und Boden sowie die gesamte Landbevölkerung herangezogen wurden; ausgenommen blieben die Bürger der Städte Rom und Konstantinopel. Die Berechnung der Steuer, im 4. Jahrhundert weitgehend eine Naturalsteuer, richtete sich nach den Steuereinheiten; unter einer Steuereinheit verstand man das Stück Land, das von einem Mann bewirtschaftet werden konnte. Die weitere Berechnung erfolgte aus der Summierung von Ackerland, Arbeitskräften und Zugtieren, wobei jede Frau als eine halbe Arbeitskraft gerechnet wurde. Als ein Sonderzuschlag für diese Jahressteuer der Annona wurde die von Konstantin eingeführte Vermögenssteuer der Senatoren gewertet; sie war in Bargeld zu leisten. Wichtig war ferner die gleichfalls von Konstantin eingeführte Jubiläumssteuer; sie war alle fünf Jahre zu entrichten, wurde außerdem bei jeder Thronbesteigung sowie bei den verschiedenen Regierungsjubiläen veranschlagt und mußte in Gold oder Edelmetall geleistet werden. Bei zeitweise vier oder fünf Herrschern – die *Caesares* zählten mit – kam es häufig zu derartigen Jubiläen.

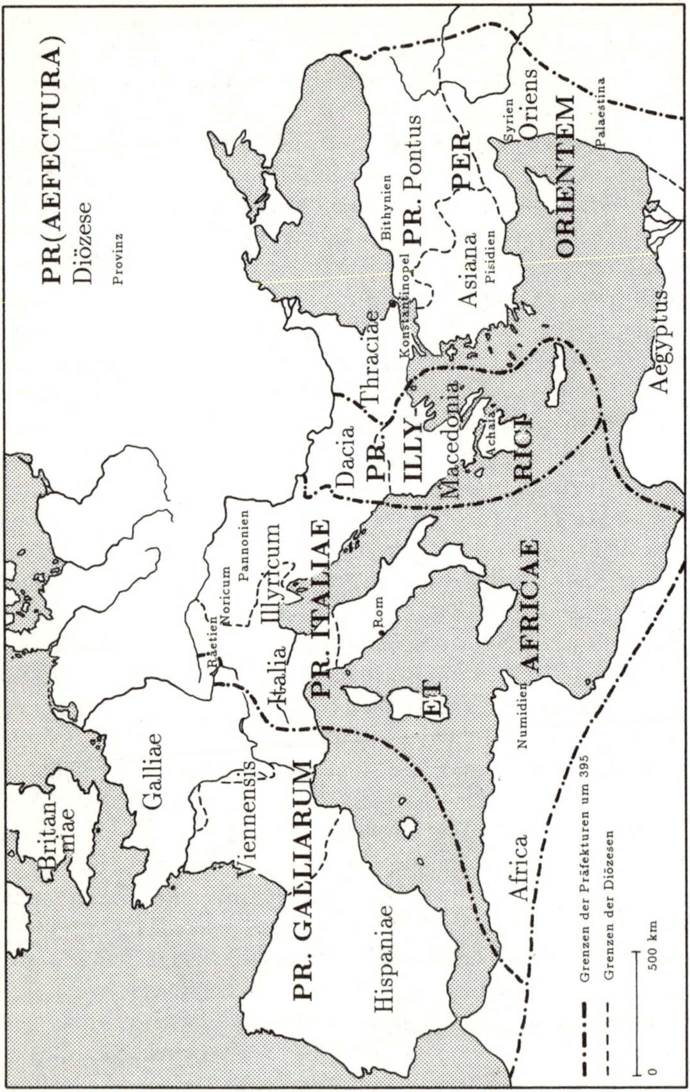

Abb. 4: Das Imperium Romanum mit den Präfekturbereichen

Abgabenpflichtig waren alle Handel- und Gewerbetreibenden, Bauern, die ihre Erzeugnisse in die Städte verkauften, sowie die auf Listen geführten Prostituierten.

Das neue System zeichnete sich durch seine Einfachheit aus und ermöglichte dem Staat zum ersten Mal so etwas wie einen Haushalt im modernen Sinn, eine jährliche Aufstellung der Steuereinnahmen; dabei bildete der Bedarf von Armee und Verwaltung die Berechnungsgrundlage der Steueranforderungen. Konstantin führte nicht nur neue Steuern ein, sondern ließ auch die Steuerveranlagung vor Ort prüfen und stellte die Währung mit der Einführung des *solidus* (4,55 Gramm), einer Goldmünze, um. Am Hof richtete er zwei neue Ämter für die Finanzverwaltung ein. Vor allem aber übertrug er jedem Prätorianerpräfekten ein eigenes, räumlich fest umrissenes Verwaltungsgebiet. Zeitweise war das Reich in fünf Regionalpräfekturen aufgeteilt, dann schwankte die Zahl zwischen drei und vier, ehe sich die Vierteilung am Ende des Jahrhunderts durchsetzte (Abb. 4).

Jede der Präfekturen erhielt einen Präfekten als oberste Verwaltungsinstanz mit eigener Gerichtsbarkeit und einem eigenen Steuerapparat. In vielfacher Hinsicht war der Prätorianerpräfekt letztinstanzlicher Richter; allerdings gab es stets die Möglichkeit, sich auf dem Wege eines Bittgesuchs direkt an den Kaiser zu wenden. Die Präfekturen waren wiederum in mehrere Diözesen, zwischen drei und fünf, unter je einem Vikar aufgeteilt. Die pyramidale Organisationsstruktur setzte sich unterhalb der Diözesen in über 100 Provinzen unter Statthaltern mit ausschließlich zivilen Befugnissen fort. Die Basis der gesamten Verwaltung bildeten die über 1.500 Städte des gesamten Imperium, in denen die Stadträte für die Verteilung der Lasten auf die Steuerpflichtigen und andere Aufgaben zuständig blieben.

Konstantin befahl den Provinzstatthaltern, dem Prätorianerpräfekten alle sechs Monate ein Verzeichnis aller erledigten Amtsgeschäfte, vor allem der Prozesse, zur Verfügung zu stellen. Anschließend sollten diese Berichte den kaiserlichen Büros am Hof zugestellt werden. Weil es aufgrund der damaligen Verkehrsmöglichkeiten und des geringen Personalstandes unmöglich war, eine zeitgleich laufende Kontrolle durchzuführen, etablierte man also eine nachträgliche Überprüfung durch diese Berichtkette.

Konstantin entwickelte das Dezentralisierungskonzept Diocletians (S. 64) insofern weiter, als er an die Regionalpräfektur Kompetenzen abtrat, ohne je die eigene Zuständigkeit für alles, im Wortsinn alles, aufzugeben. Auf diese Weise war die Vorstellung von einer zentralen, monarchischen Herrschaft mit einer Verwaltung, die möglichst vor Ort ansetzen konnte, in eine für den Herrscher erträgliche Verbindung gebracht.

Glaubt man Eusebius, so soll Konstantin nach 324 bewußt Christen auf die höchsten Stellen gesetzt haben; beweisen läßt sich dies angesichts der Quellenlage nicht. Und ein gleichzeitig erlassenes Opferverbotsgesetz, das ausdrücklich hohe Amtsträger mit einschloß, verdeutlicht die realen Verhältnisse. Es war unmöglich, in kurzer Zeit einen christlichen Verwaltungsapparat aus dem Boden zu stampfen, weil es qualifizierte christliche Kräfte in diesem Umfang gar nicht gab.

Vieles an Konstantins Politik wurde später kritisiert, und längst nicht alle Kritik kam allein von heidnischen Autoren. Vor allem die Finanzpolitik des Herrschers traf auf weitgehend einmütige Verurteilung. Selbst Eusebius mußte einräumen, daß die finanzielle Großzügigkeit Konstantins seine Untergebenen jedes Augenmaß verlieren ließ. Bei dem Heiden Ammianus Marcellinus finden wir diesbezüglich den berühmten Ausspruch (16, 8, 12), „daß Konstantin von allen als erster den Rachen seiner Umgebung öffnete, während (sein Sohn) Constantius (II.) diese mit dem Mark der Provinzen mästete.“

Bereits die Zeitgenossen registrierten den enormen Umfang der Gesetzgebung Konstantins: „Er erließ viele Gesetze, von denen manche gut und billig, die meisten überflüssig, einige hart waren.“ (Eutrop 10, 8) Immer wieder hat man versucht, christliche Einflüsse in der Gesetzgebung Konstantins auszumachen, was meines Erachtens weithin vergebens ist. Da wird etwa die Abschaffung der Kreuzigung als Todesstrafe vorgebracht, wie Aurelius Victor erwähnt (41, 4), um wenige Zeilen weiter von dieser Art der Todesstrafe für Calocaerus (S. 55) zu sprechen. Außerdem ist die Kreuzesstrafe später ausdrücklich in einem Gesetzestext überliefert. Ferner wird das Verbot genannt, die als Beute für die Tiere im Zirkus oder die zur Bergwerksarbeit Verurteilten im Gesicht zu brandmarken; stattdessen wurden sie fortan an Armen und Beinen gekennzeichnet. Allerdings hat derselbe Kaiser kriegsgefangene Frankenkönige im Zirkus von wilden Tieren zerreißen lassen oder die Todesstrafe des Säckens angeordnet, bei welcher der Verurteilte lebendig in einen Sack eingenäht und in einen Fluß geworfen wurde. Man erwartete im 19. und 20. Jahrhundert von Konstantin etwas, was die eigene, schon lange christliche Zeit kaum zu leisten imstande war.

10. Ordnung und Neuordnung des Kultes

Kaiserliche Religionspolitik hatte schon immer dem Ziel gedient, einen einheitlichen Kult zu schaffen, denn dieser einheitliche Kult bewirkte die Geschlossenheit und Wohlfahrt des Staates. Diese Politik setzte Konstantin vehement fort; die offiziellen Schreiben, die wir von ihm besitzen, bieten dafür reiche Belege. Konstantin stellte von Anfang an klar, daß er dafür sorgen müsse, daß innerhalb der christlichen Kulte kein Streit entstehe. Denn, so hämmerte er es immer verzweifelter seinen Briefpartnern ein, der rechte, in Eintracht gepflegte Kult bewirke die Wohlfahrt des Staates; anderenfalls drohe der Zorn Gottes.

Eine weitere Grundlage jeglicher Religionspolitik Konstantins war die Forderung nach Befolgung des göttlichen ‚Gesetzes' um der einheitlichen Gottesverehrung willen, die das Wohl des Staates garantierte. Der Kaiser präsentierte immer wieder dasselbe Thema in unterschiedlichen Variationen. In einem Brief über die Privilegierung der Kleriker heißt es zur Begründung, daß die Priester wegen der Wohlfahrt des Staates ohne irgendeine Behinderung ihrem ‚Gesetz' dienen sollen. Wenig später drohte der Kaiser an, selbst nach Africa zu kommen, um nach dem Rechten zu sehen und die Halsstarrigen und Wahnsinnigen zu bestrafen, weil sie Gegner des ‚Gesetzes' seien und damit die für den Staat notwendige Eintracht der wahren Religion zerstörten. Dieses Trommelfeuer an Argumentation steigerte Konstantin nach der Erringung der Alleinherrschaft, und es ist immer wieder die gleiche Gedankenfolge, die wir vorfinden: Beachtung des ‚Gesetzes' fördert die Wohlfahrt und den Frieden, Mißachtung zieht Zerrüttung und Krieg nach sich.

Nirgends definierte der Kaiser allerdings, was genau dieses ‚Gesetz' sei. Man gewinnt den Eindruck, daß es Konstantin nur um das ging, was mit der Einhaltung und Beobachtung des Gesetzes erreicht werden sollte: Einheitlichkeit und Ordnung. Ein oft zu beobachtender Zug römischer Religiosität tritt auch hierbei zutage. Religion und Kultvollzug wurden als etwas Schematisches, Formalisiertes verstanden; es ging dabei nicht um ‚Glaube' in unserem Sinn. Die formale Einheitlichkeit stand im Vordergrund, dann mochte jeder dieses ‚Gesetz' mit einem Inhalt füllen, der ihm zusagte. Die Mahnung, das göttliche Gesetz zu befolgen, war ein ständiger Ordnungsruf; göttliches und weltliches Gesetz hatten die gleiche Funktion, wobei Konstantin vor allem auf die Autorität rekurrierte, die hinter dem ‚Gesetz' stand: die höchste Gottheit. Man kann bei Konstantin beinahe eine Verliebtheit in das Gesetz beobachten, die sich bis in eine Gesetzgebungspraxis auswirkte, deren Ausmaß die antiken Historiker erstaunte (S. 70). Konstantin war von der Regulierbarkeit der ganzen Welt überzeugt, und diese Weltsicht umfaßte notwendigerweise auch die Regulierbarkeit der Religion.

a) Das Heidentum

Der Bedarf an Zukunftswissen und an Beschwörungen war in der Antike schier unerschöpflich. Praktizierende Wahrsager verkündeten seit jeher unter unterschiedlichen Namen – als Astrologen, Eingeweide- und Vogelflugschauer, Magier, Traumdeuter, Seher, Philosophen oder ganz allgemein als ‚heilige Männer' – was ‚wahr' war oder sein würde. Aus dem Stand der Planeten oder Tierkreiszeichen erstellten sie Horoskope, gaben Auskünfte über Charakter, Lebensschicksal, Tag und Art des Todes eines Menschen und vieles mehr. Solche ‚Magie' stellte allerdings kein definierbares Wissen oder Handeln dar, die Wissenschaft schlug nur allzu schnell in eine betrügerische Kunst um. Daher wurde in der gesamten profanen wie theologischen Literatur darüber diskutiert, ob es sinnvoll und zweckmäßig sei, die Sterne oder anderes zu erforschen, oder anmaßend und dem Willen der Götter zuwider. Seitdem Diocletian für sich beansprucht hatte, den Willen der Götter interpretieren zu können, ergingen Verordnungen, um die Magie zu regeln. In die gleiche Richtung zielten Gesetze Konstantins, welche die private Opferschau verboten; diese

Gesetze als anti-heidnisch zu bezeichnen, wie dies gelegentlich in christlichem Übereifer geschieht, ist falsch.

Zwei inhaltsgleiche Gesetze aus dem Jahre 319 untersagten den *haruspices*, den Opferbeschauern, Hausbesuche zu machen (*Codex Theodosianus* 9, 16, 1 und 2). Damit sollte die private Zukunftsdeutung unterbunden werden, zumal es sich dabei oft genug um politische Wahrsagerei gehandelt hatte, die sich leicht gegen den Herrscher richten konnte. Eine solche Maßnahme erklärt sich gut zu einem Zeitpunkt, zu dem sich die Spannungen mit Licinius verschärften und sich ein militärischer Konflikt anzudeuten schien. Als dann 320 ein Blitz in das Amphitheater in Rom einschlug, ordnete Konstantin vom fernen Serdica aus die Konsultation der *haruspices* selbst an, ja forderte generell die Befragung dieser Priester bei allen ähnlichen Anlässen und einen genauen Bericht über ihre Befragungen; ausdrücklich wies der Herrscher bei diesem Anlaß darauf hin, daß jeder sich an die Opferbeschauer wenden könne, vorausgesetzt, es geschehe an öffentlicher Stelle (*Codex Theodosianus* 16, 10, 1). Im Trend solcher Maßnahmen lag es dann auch, daß Konstantin sich gegen alle Magie wandte, die einem anderen schadete oder Liebeszauber betrieb; ausdrücklich ausgenommen von dem Verbot war Zauberei, die der Gesundheit förderlich war oder zu einer guten Ernte verhalf (*Codex Theodosianus* 9, 16, 3).

Wie unproblematisch Konstantin den Umgang mit den alten Kulten ansah, verdeutlichen Regelungen, in denen heidnischen Priestern mit völliger Selbstverständlichkeit längst zugestandene Privilegien bestätigt werden; gerade solche Gesetze stammen aus den letzten Regierungsjahren Konstantins, als christliche Beamte aus eigener Machtvollkommenheit gegen einzelne heidnische Kulte vorgingen.

Eusebius führt in seinem *Leben Konstantins* ein Gesetz des Herrschers gegen Götzendienst und heidnische Opfer an (2, 45, 1); auffällig daran ist, daß er es nicht im Wortlaut zitiert, was bei der enormen Bedeutung der Regelung, gerade aus christlicher Sicht, verwundert. Später kommt der Bischof nicht mehr auf dieses Gesetz zu sprechen, das er sich wohl im

Herbst 324 erlassen denkt. Libanius, geboren 314, berichtet später zwar, daß Konstantin Tempelvermögen konfiszierte, um seine neue Hauptstadt aufzubauen, stellt aber ausdrücklich fest, daß in den Tempeln die Opfer weitergingen (*Rede* 30, 37; vgl. S. 101). Geradezu im Gegensatz zum Inhalt des von Eusebius genannten Gesetzes steht das vom selben Autor im Wortlaut zitierte *Schreiben an die östlichen Provinzen* Konstantins von Ende 324. Konstantins Präferenz in kultischer Hinsicht ist klar, er bekennt sich zu dem Glauben der Christen, andere Kulte sieht er als Irrtum an; ebenso klar ist allerdings seine Aufforderung zum friedlichen Miteinander (Eusebius, *Leben Konstantins* 2, 56): „Gleichen Frieden und gleiche Ruhe wie die Gläubigen sollen die Irrenden erhalten und freudig genießen ... Die sich aber dem (christlichen Kult) entziehen wollen, sollen die Tempel ihres Truges nach ihrem Willen haben." Konstantin will den Christen schmeicheln, er lobt sie ohne jede Frage, aber er mahnt sie auch zur Toleranz und dies wohl nicht ohne Grund. Das Schreiben enthält mehrere solcher Passagen, und dazu gehört die Warnung am Schluß (ebd. 2, 60, 1): „Keiner darf mit dem, was er selbst aus Überzeugung angenommen hat, einem anderen schaden." Konstantin ließ die Tempel und damit auch den Kult und die Opfer bestehen.

Wenn man die Notiz des Eusebius über ein Gesetz gegen heidnische Opfer nicht als unhistorisches Wunschdenken des Bischofs abtun will, lassen sich die Widersprüche zwischen den von Eusebius geschilderten Maßnahmen vielleicht auflösen, wenn man das religionspolitische Vorgehen unmittelbar nach der Schlacht von Chrysopolis (S. 48) wie folgt rekonstruiert: Offenbar dominierten in der Umgebung Konstantins zunächst die ‚Falken', die eine rasche und vollständige Durchsetzung des christlichen Kultes forderten; sie sahen die Chance zu Racheaktionen gegen ihre früheren ‚Verfolger'. Getragen von der Euphorie des Sieges über Licinius setzten sie ein Gesetz gegen die heidnischen Opfer durch, das Eusebius wohl in den Herbst 324 datiert. Man konnte oder wollte nicht sehen, daß dies der Politik entsprach, die Diocletian und Galerius 20

Jahre zuvor gegen die Christen eingeleitet hatten. Den gleichen Mangel an politischem Einfühlungsvermögen verrät der Brief Konstantins an Alexander und Arius (S. 84), der verdeutlicht, daß seine westlichen Ratgeber keine Ahnung von der Tragweite der Auseinandersetzungen in der alexandrinischen Kirche hatten, die bald den ganzen Osten tangieren sollten.

Als dann Konstantin selbst die Lage im Osten kennenlernte, wurden die beiden soeben geschilderten Einschätzungen und Maßnahmen revidiert. Konstantin kehrte zu der seit 312 geübten Tolerierung der heidnischen Kulte zurück und brachte dies in seinem *Schreiben an die östlichen Provinzen* zum Ausdruck. Er versuchte noch einmal die Geister zu bannen, die er durch seine Förderung der Christen selbst herbeigerufen hatte; auch die Auseinandersetzung um den Arianismus erhielt durch die Vorbereitungen zu einem Konzil in Nicaea (S. 82–87) eine neue Qualität in der Religionspolitik.

Traditionelle heidnische Elemente hielten sich in der Repräsentation des Kaisers, der sich als Christ verstand, noch lange. So wurde auch der Kaiserkult nicht abgeschafft. Noch in den dreißiger Jahren erlaubte Konstantin der italischen Stadt Hispellum, einen Tempel für seine Familie zu errichten. An diese Erlaubnis knüpfte er die Auflage, „der unserem Namen geweihte Tempel darf nicht auf verderbliche Weise von Täuschungen irgendeines Aberglaubens befleckt werden“ (*Corpus Inscriptionum Latinarum* 11, 5265 bzw. *Dessau* 705); daß mit dieser Formulierung heidnische Opfer gemeint sind, scheint mir nicht sicher. Nach wie vor waren Priester des Herrscherkultes in zahlreichen Städten tätig.

Konstantin blieb *pontifex maximus* und damit Vorsteher des römischen Priesterkollegiums. In Konstantinopel errichtete man eine nach ihm benannte Säule, auf der seine Statue stand; sie wurde mit dem Sonnengott gleichgesetzt. Viele derartige Elemente sprechen dafür, daß Konstantin bei seiner Bekehrung zum Gott der Christen lediglich die Person des Gottes ausgetauscht hatte, ohne von seiner bisherigen Gottesvorstellung völlig abzurücken und ohne sich allzusehr um die christlichen Dogmen zu kümmern.

b) Das Christentum

Hatte Konstantin in der gemeinsam mit Licinius verfaßten Absprache bei ihrem Zusammentreffen in Mailand noch erklärt, es habe im Interesse der „Ruhe der Zeit" (Lactanz, *Über die Todesarten der Verfolger* 48, 6) gelegen, den christlichen Kult zu erlauben, so zeigte sich rasch, wie kurzfristig diese ‚Ruhe' sein sollte. Konstantins Entscheidung für eine neue Erscheinungsweise der höchsten Gottheit verwickelte nämlich den Kaiser und damit den Staat sogleich in Konflikte, die bis dahin unbekannt gewesen waren; denn von nun an zogen religiöse Streitigkeiten innerhalb der christlichen Kulte politische Auseinandersetzungen nach sich, da der Staat, und damit der Kaiser, nach tradiertem Verständnis für die Pflege des Kultes, eines einheitlichen Kultes, zuständig war (S. 86). Da diese Konflikte für Konstantin neu waren, hoffte er noch, sie gütlich beilegen zu können. Er mußte jedoch rasch lernen, daß weder seine kaiserliche Autorität noch Gerichtsurteile, weder Bestechung noch Waffengewalt die von ihm so dringend geforderte Einheit herstellen konnten.

Während der Zeit der Verfolgungen hatten sich christliche Kultanhänger immer wieder dadurch gerettet, daß sie den staatlichen Anforderungen entsprachen; und dieses verständliche Verhalten war auch unter Bischöfen vorgekommen. In Nordafrika war der Bischof Felix von Aptungi in den Verdacht geraten, heilige Schriften an die Behörden ausgeliefert zu haben. Eine Gruppe von Christen, die dieser Versuchung widerstanden hatte, sah darin einen Verrat am Glauben und bezeichnete die Schuldiggewordenen als *traditores*, als Verräter, die im Wortsinn etwas übergeben hatten. Da diese kirchlichen Kreise zugleich die Meinung vertraten, die Gültigkeit eines Sakramentes hinge von dem Gnadenstand seines Spenders ab, sahen sie die von einem Verräter gespendeten Sakramente nicht als gültig an. Es gab allerdings eine wohl etwas stärkere Gruppierung innerhalb der nordafrikanischen Kirche, welche die Gültigkeit eines Sakramentes nicht an die ‚Sündenlosigkeit' des Spenders binden wollte und dementsprechend derartige Weihen anerkannte. Dieser theologische Disput vermischte sich rasch, wie dies allenthalben zu beobachten ist, mit persönlichen Animositäten und karrierebedingten Ambitionen zu einem teilweise skurrilen Ensemble. Sehr persönliche Eifersüchteleien spielten bei einer Dame besserer Kreise in Carthago eine Rolle: Sie hatte sich die etwas extravagante Marotte angewöhnt, vor dem Empfang der Kommunion Knochensplitter eines Martyrers zu küssen, den offenbar nur sie allein verehrte. Als der Priester Caecilianus sie deshalb tadelte, schuf er sich eine persönliche Feindin, und nachdem er zum Bischof geweiht worden war, sammelten sich im Hause dieser Dame seine Gegner. Für die Verbindung von Machtstreben und ernstem Bemühen um den wahren Glauben stehen in Nordafrika die Namen Caecilianus und Donatus. Die Gegner des Caecilianus warfen diesem vor, bei seiner Weihe sei der Verräter Felix beteiligt gewesen und diese damit ungültig. Diesem Vorwurf schloß sich eine nordafrikanische Bischofssynode an, die Caecilianus für abgesetzt erklärte. Daraufhin sahen sich die Gegner des Caecilianus berechtigt, eine Neuwahl durchzuführen, bei der man sich für Maiorinus entschied. Nun hatte die Kirche von Carthago zwei Bischöfe, weil Caecilianus weiterhin von der Gültigkeit seiner Weihe ausging und seine Absetzung ignorierte. Mit dem Nachfolger des bald verstorbenen Maiorinus, Donatus, erhielt die Gegenseite dann einen Repräsentanten, der bereit war, seine Sichtweise mit allen Mitteln durchzusetzen.

Konstantin griff in diesen Konflikt ein, als er etwa im April 313 an den Verwalter der Diözese Africa die Anweisung richtete, die Priester des rechtgläubigen Kultes, und dies waren für ihn die nicht-donatistischen, finanziell zu unterstützen. Was Konstantin veranlaßte, sich auf die Seite des Caecilianus zu schlagen, ist nicht auszumachen; möglicherweise erhielt er zunächst einen Bericht dieser Gruppierung oder setzte auf die größere Kultgemeinschaft. Bei seinem Versuch, eine Spaltung des christlichen Kultes zu verhindern, argumentierte Konstantin ganz auf der traditionellen Linie bisherigen Denkens:

Mißachtung der Religion beschwört Gefahren für den Staat herauf, Pflege der Religion bringt Segen.

Gerade die Entscheidung für die sogenannte orthodoxe Richtung des christlichen Kultes gegen die donatistische verdeutlicht die Probleme, die das Christentum mit sich brachte. Es war nie ein homogener Kult gewesen, immer wieder hatten sich Gruppierungen abgetrennt und waren von der Mehrheit als Schismatiker oder Häretiker verurteilt worden. Es gab nicht nur einen christlichen Kult, es gab deren viele. Als Konstantin sich auf dieses Konglomerat von Kulten einließ, wurde er sogleich in diese Problematik hineingezogen und gezwungen, Partei zu ergreifen, was er auch tat. Damit wich er von dem eben genannten Grundsatz ab, daß die Pflege aller Kulte dem Heil des Staates diene. Das Christentum kannte eben richtige und falsche Kulte oder Glaubensrichtungen, häufig definierte sich eine Mehrheit als die ‚wahre' Kirche. Konstantin schloß sich bereits 313 diesem Konzept an. Nach mehreren Jahren der Benachteiligung und Verfolgung der Donatisten gab der Kaiser 321 seine Versuche auf, sie mit der Mehrheit der Christen zu versöhnen und verkündete die Duldung der vor allem in Nordafrika stark verbreiteten donatistischen Kirche.

Konstantin unterstützte seit 313 das Christentum. Ein Teil der Maßnahmen und Gesetze bestand darin, die Konsequenzen aus dem Toleranzedikt des Galerius zu ziehen und den christlichen Kult den anderen seit langem staatlich anerkannten Kulten anzupassen. So wurde das Asylrecht, das die Tempel genossen, auch auf die christlichen Gotteshäuser übertragen. 315 wurden die christlichen Kulte von den Tributen und der *annona* (S. 67) befreit. Ein Jahr später erlaubte Konstantin die Freilassung von Sklaven, die ohnehin sehr großzügig geregelt war, auch in Kirchen vor Bischöfen; vorher war dies vor städtischen und staatlichen Beamten möglich gewesen. Das Bischofsgericht fand seit 318 staatliche Anerkennung in Zivilangelegenheiten als Schiedsgericht, selbst dann, wenn nur eine der beiden Parteien christlich war. Damit erkannte Konstantin der im internen Bereich der christlichen Gotteshäuser geübten

Gerichtsbarkeit öffentlich-rechtliche Geltung zu. Mit dieser Regelung stellte er die kirchlichen Jurisdiktionsträger in der Ausübung ihres Amtes den weltlichen Richtern gleich. Der Bischof von Rom nutzte diese Rechtslage, indem er seinen Klerikern aufs Schärfste untersagte, ihre Streitsachen fortan vor einem weltlichen Richter auszutragen. Seit 321 konnten die christlichen Kirchen Erbschaften annehmen.

319 wurde das christliche Kultpersonal von sämtlichen staatlichen und städtischen Verpflichtungen entbunden, wie dies auch für die übrigen Kulte galt. Dies hatte Folgen für die Verwaltung des römischen Reiches, die ganz wesentlich auf derjenigen der Städte basierte; deren Funktionsträger hafteten beispielsweise für den rechtzeitigen Eingang der festgesetzten Steuerquoten sowie für die Sicherstellung der Versorgung der Stadtbevölkerung. Für manche war und blieb dies eine Ehre; da aber die Übernahme städtischer Ämter den einzelnen mitunter finanziell erheblich belasten konnte, gab es seit längerem Versuche, solche Verpflichtungen zu umgehen, indem man für sich persönlich oder für ganze Berufs- oder Statusgruppen, wie etwa die Veteranen, Befreiung von derartigen *munera*, Lasten, also Immunität, erlangte. Da nun auch die Kleriker solche Immunität genossen und dies offenbar auch verstärkt genutzt wurde, bestimmte ein Gesetz bereits des folgenden Jahres, daß Personen, die Nachkommen von Stadträten oder aufgrund ihres Vermögens zur Übernahme öffentlicher Ämter geeignet waren, nicht in den Klerikerstand eintreten dürften. Verstorbene Kleriker seien nur durch solche Personen zu ersetzen, die weder Besitz noch Amtspflichten in den Städten hätten. Auf diese Weise sollte der Abwanderung wohlhabender städtischer Kreise in den Klerikerstand ein Riegel vorgeschoben werden. Wie für zahlreiche andere Regelungen aus diesem Problemfeld besitzen wir aus dem Jahr 326 ein Gesetz, das diese Anordnung erneut einschärft, sicher auch deshalb, weil der Weg für viele verlockend war und deshalb trotz des Verbotes gegangen wurde.

Andere Regelungen gingen über die bloße Gleichstellung hinaus. 318 wurden christliche Beamte und Soldaten von dem allgemeinen Opferzwang entbunden, der für jeden Bürger im Rahmen der verschiedenen Amtshandlungen weiterhin verpflichtend blieb.

321 ergingen zwei Gesetze über die Sonntagsruhe; sie betrafen den Wochentag, dessen Name in den deutschsprachigen Gegenden eine Übertragung des lateinischen *dies Solis* darstellt. Im Laufe der Kaiserzeit hatte sich die Planetenwoche bei den Römern verbreitet und im 3. Jahrhundert endgültig durchgesetzt. Die Tage waren dabei nach den sieben bekannten, mit dem bloßen Auge erkennbaren Planeten benannt: Saturn, Sol, Luna, Mars, Mercur, Jupiter und Venus. Innerhalb dieser Siebentagewoche gab es in der römischen Welt einen herausgehobenen Wochentag, den Tag des Saturn, unseren Samstag. Saturn galt als Unglücksplanet, daher unterließ man an seinem Tag wichtige geschäftliche Unternehmungen. So wurde er zum Ruhetag, an dem man badete und sich auch einmal eine bessere Mahlzeit gönnte, falls man dazu in der Lage war. Mit der Verbreitung des Sonnengottes als zentraler Gottheit (S. 102) begann der Tag der Sonne den Tag des Saturn zu verdrängen.

Dies wurde vor allem durch entsprechende Gesetzgebungsmaßnahmen Konstantins vorangetrieben. „Alle Richter und die Bevölkerung der Städte ... sollen am heiligen Tag der Sonne ruhen; allerdings dürfen diejenigen, die auf dem Land wohnen, am Tag der Sonne frei und ungestört den Acker bestellen." (*Codex Iustinianus* 3, 12, 2 [3]) Die Rechtsprechung war an diesen Tagen also ausgesetzt, während Konstantin die Freilassung der Sklaven weiterhin ermöglichte. Einen christlichen Bezug enthalten die Gesetze nicht, auch wenn es Eusebius gerne gesehen hätte. Allerdings erfolgte rasch eine christliche Umdeutung des Festtages des Sonnengottes, die sich im Laufe des 4. Jahrhunderts auch sprachlich bemerkbar machte: Aus dem *dies Solis*, dem Tag der Sonne, wurde der herrschaftliche Tag, der *dies dominicus*. Schließlich existierte im Christentum der Glaube, Christus sei am Tag nach dem jüdischen Sabbath, und dies war der Tag der Sonne, auferstanden.

Die Darstellung des Eusebius bettet das Sonntagsgesetz in Maßnahmen ein, die deutlich verraten, wo Konstantin Durchsetzungschancen besaß: im eigenen Palast und im Heer. Dabei ist von einer generellen Arbeitsruhe oder Dienstunterbrechung für das Heer nicht die Rede. Der Sonntag bietet lediglich Raum für den gemeinsamen Kult in Form eines Gebetes; darüber hinaus erhalten christliche Soldaten für die Zeit des Gottesdienstbesuches eine Dienstbefreiung. Auch diese Regelungen zeigen, wie sehr Konstantin in traditionellen Bahnen dachte. Einerseits kannte das Militär Dienstunterbrechung als Folge von öffentlichen Feiertagen nicht; nicht einmal Prozesse, welche die Militärdisziplin betrafen, wurden durch solche Tage beeinträchtigt. Andererseits respektierte das Militär schon immer – beispielsweise bei Einberufungen – Verzögerungen, die sich aus der Einhaltung unabdingbarer kultischer Verpflichtungen und Familienfeiern ergaben.

Die Anlehnung an bestehende Institutionen zeigt sich auch in der durch eine Inschrift in Pannonien bezeugten Erlaubnis Konstantins, am Sonntag Markt abzuhalten (*Corpus Inscriptionum Latinarum* 3, 4121): „Der Herrscher Flavius Valerius Constantinus, der fromme, vom Glück begünstigte (und) größte Kaiser, hat die Wasserleitungen der Iaser, die einst durch Feuer zerstört worden waren, mit den Portiken und allem Gebäudeschmuck in den ursprünglichen Zustand versetzt und setzte auch aufgrund der Vorsehung seiner Frömmigkeit Märkte am Tag der Sonne das ganze Jahr hindurch fest."

Bei dem ersten sogenannten ökumenischen Konzil, das 325 in Nicaea stattfand, ging es um mehrere Themen, die sich unter der Rubrik ‚Herstellung eines einheitlichen Kultus' subsumieren lassen. Dazu gehörte vornehmlich die Auseinandersetzung um die theologischen Vorstellungen des alexandrinischen Presbyters Arius, um den Arianismus, der in mehr oder weniger abgewandelter Form Kirche und Staat auf Jahrhunderte beschäftigen sollte. Weitere Verhandlungspunkte waren die Festlegung eines einheitlichen Ostertermins und verschiedene Regelungen, unter anderem zur Rangordnung der Bischöfe.

Bei den Auseinandersetzungen um Arius ging es um ein ebenso zentrales wie schwieriges theologisches Problem: Die Kirche der Frühzeit hatte sich zu Gott, dem Vater, dem Schöpfer der Welt, zum Sohn Gottes, dem Logos, der zugleich als Mensch Jesus die Erlösung vollzogen hatte, und zum Geist, dem Mahner und Führer der Gemeinde, bekannt; sie gab diesen Glauben ohne viel Bedenken und Nachdenken weiter. Je mehr Gebildete aber vor allem im Osten den neuen Glauben übernahmen, desto häufiger drang griechisches Gedankengut ein, insbesondere die hellenistische Philosophie mit ihrer langen historischen Tradition und ihrem reichen Spektrum an Kategorien und Schemata. Was die Väter zunächst ohne große Reflexion geglaubt und bekannt hatten, begann man zu zerlegen und zu prüfen, um es sicherer zu erfassen.

Vor allem die Gedanken Platos (427–347 v. Chr.), die im Laufe des 2. Jahrhunderts wiederauflebten, beeinflußten die christlichen Theologen, da für sie keine andere wissenschaftliche Denkweise vorstellbar war als die der griechischen Philosophie. Diese Verehrung Platos wuchs im 3. Jahrhundert noch. Plotin (205–270), der Neugestalter des Platonismus, ist hier zu nennen und Origenes (182–254), der erste, der in die Glaubensinhalte der Kirche philosophische, vor allem platonische Gedanken einarbeitete, sie mit Grundzügen der Ideenlehre verwob und damit dem Zeitgeist anpaßte. Daher hat Origenes auf die östlichen Teile der Kirche einen großen theologischen Einfluß ausgeübt, und seine Gedanken und Begriffe wurden Ausgangs- und Angelpunkt zahlreicher Lehrmeinungen und Lehrkämpfe der Alten Kirche.

Es handelte sich bei den seit dem 2. Jahrhundert ausgetragenen heftigen Kontroversen um nichts weniger als darum, das Wesen Gottes, das Verhältnis des Gottsohnes zum Gottvater und damit die Möglichkeit der Erlösung zu fassen – in der Tat entscheidende Fragen, sobald der Mensch an den christlichen Glauben denkend herantrat. Diese Fragen betrafen die Erlösung jedes einzelnen wie die der gesamten Menschheit, und eben dies machte die theologische Auseinandersetzung für jeden Gläubigen so wichtig und läßt die Leidenschaft verstehen, mit der jeder einzelne für den *einzig wahren* Weg zur Erlösung eintrat und kämpfte. Dieser Kampf, der heute so leicht als ein Streit um Worte und Begriffe abgetan wird, betraf seinerzeit den Mittelpunkt des Christentums.

Für Origenes war Gott das unbedingte, ewige, zeitlose, körperfreie und daher unerkennbare Wesen, die letzte Ursache allen Seins und Werdens. Aus ihm ist der Sohn hervorgegangen, nicht geschaffen, sondern geboren, göttlichen Wesens, aber dem Vater untergeordnet, eine Art zweiter Gott, der Mittler zwischen Gott und Welt. Der Geist wiederum entstammt dem Sohn, die dritte Stufe in der Entfaltung der Gottheit. Alle drei bilden die eine, körperlose Gottheit. Zu zwei in diesem Zusammenhang entscheidenden Fragen gab Origenes den Anstoß und bestimmte zugleich die Richtung des theologischen Denkens: Wie verhält sich im Sohn Gottes das Göttliche zum Menschen, wie sind sie miteinander verbunden – ist der Sohn, nach menschlichem Gleichnis, eine eigene Person? Und: Wie wirkt dieser Gottmensch, wie wird aus seinem Wesen die Erlösung möglich?

Nüchtern und einfach unterschied Arius im Anschluß an Origenes zu Beginn des 4. Jahrhunderts den Sohn vom Vater (*Berliner Klassikertexte* 6 P 10677): „Einen Anfang hat der Sohn, Gott aber ist ohne Anfang. Der Logos (Sohn) ist in jeder Beziehung dem Wesen des Vaters fremd und unähnlich. Es gab eine Zeit, in der er nicht vorhanden war, und er war nicht vorhanden, bevor er wurde."

Als Konstantin 324 zum erstenmal von der Auseinandersetzung zwischen Arius und Alexander erfuhr, sah er die ganze Angelegenheit spontan als Geplänkel überspannter Intellektueller an. Beiden Klerikern schärfte er in einem Brief ein, es handele sich bei ihrem Dissens um Haarspaltereien, die kein Mensch begreife, womit er für seine Person sicher recht hatte. Erste Erfahrungen ‚vor Ort', nachdem er Herrscher auch über den griechischen Osten geworden war, sollten rasch zeigen, daß es mit Forderungen wie ‚Gebt Euch die Hände!' nicht getan war. Dort im Osten, so sollte der Kirchenhistoriker

Socrates im 5. Jahrhundert die dogmatischen Streitigkeiten karikieren, könne man nicht auf die Straße gehen, ohne in ein Gespräch über das Verhältnis zwischen Gottvater und -sohn verwickelt zu werden (*Kirchengeschichte* 1, 37).

Diese bereits zu Beginn des 4. Jahrhunderts durch mehrere organisatorische und vor allem theologische Dissense zerstrittene östliche Kirche wurde auf Befehl Konstantins 325 in Nicaea in der Palastaula der dortigen Residenz versammelt. Etwa 300 Bischöfe waren der Einladung des Kaisers gefolgt. Konstantin setzte eine Kommission ein, welche die Formel mit dem umstrittenen ‚homoousios' – ὁμοούσιος τῷ πατρί – erarbeitete und dem Kaiser präsentierte: Der Sohn sei dem Vater wesensgleich. Konstantin selbst verkündete dann das Ergebnis zusammen mit dem Vorschlag, die allgemeine Zustimmung und die Unterschriften aller Bischöfe einzuholen. Da Konstantin bei Verweigerung die Exilierung androhte, erreichte er einen nahezu einmütigen Konsens. In Nicaea wurde ferner die Organisation der Kirche derjenigen des Reiches angepaßt; folgerichtig wurden die in Nicaea gefaßten Beschlüsse zum Reichsgesetz erhoben.

Der Ablauf der Verhandlungen in Nicaea entsprach ähnlichen Entscheidungsfindungen im römischen Senat. Demzufolge war es selbstverständlich, daß der Kaiser die Sitzungen leitete, die er mit seiner *relatio*, mit einem Vortrag, eröffnete. Er begann ferner die Beratungen, indem er den Bischöfen, wohl ihrer Rangfolge entsprechend, das Wort erteilte. So dürfte es bei allen Verhandlungen gewesen sein, bei denen uns Konstantins Teilnahme bezeugt ist. Außer bei dem Konzil von Nicaea war dies auch bei Synoden 327 in Nikomedien, als es erneut um Arius ging, und 336 in Konstantinopel der Fall.

Die in Nicaea zu beobachtende Rolle des Kaisers bei Synoden war neu; bislang hatte kaum jemand an derartigen Versammlungen teilgenommen, der nicht Mitglied der Kultgemeinschaft war; und das war Konstantin nicht. Eusebius verfiel auf die Lösung, Konstantin mit Ehrentiteln zu belegen, die zwar in kultischer Hinsicht bedeutungslos waren, aber aus christlicher Warte Anspruch und Realität einigermaßen miteinander versöhnten; so wurde der Herrscher mit Titeln wie ‚allgemeiner Bischof' oder ‚Bischof der Bischöfe' ausgezeichnet und das Ungeheuerliche des Vorgangs in milderes Licht getaucht.

Aus Konstantins Sicht sah dies alles ganz anders aus. Er war und blieb *pontifex maximus*, Oberster der angesehensten Priestergruppe; als solchem oblagen ihm die *sacra* und die *sacerdotes*, die Kulte und deren Kultpersonal. Wenn es auf diesen Gebieten Mißstände zu beseitigen gab, dann war es die Pflicht des ‚obersten Priesters', dafür zu sorgen, daß dies geschah. Anderenfalls drohte der Zorn Gottes, gleichgültig, wer dieser Gott war, ein Zorn, der den Herrscher und das Reich ins Verderben zu stürzen vermochte. Außerdem konnte Konstantin dadurch, daß er für einen einheitlichen Kult sorgte, seinen Dank für die Wohltaten abstatten, die dieser Gott ihm hatte zukommen lassen: die militärischen Siege über Maxentius und Licinius, um nur die wichtigsten zu nennen.

Es galt also, Entscheidungen in kultischen Angelegenheiten zu treffen, bei denen sich der Kaiser allerdings beraten ließ, wie er das bei allen wichtigen Fragen tat. So wie ihn in den meisten Fällen Verwaltungs- oder Militärexperten im Staatsrat berieten, so waren es in Nicaea Fachleute in kultischer Hinsicht, nämlich Bischöfe. In jedem seiner Beratergremien hatte der Kaiser den Vorsitz und führte die Verhandlungen. Konstantin übernahm mit den Synoden eine Institution, die es längst gab, deutete sie aber in seinem Sinne um.

Es ging bei den hier geschilderten Auseinandersetzungen um Fragen des Glaubens, welche die Erlösung des einzelnen wie der Menschheit betrafen. Es ging aber ebenso um Bischofsstühle, Pfründen, Anhängerschaften, Politik im weitesten Sinne, zumal die Ausbreitung des Christentums immer mehr eine staatliche Angelegenheit zu werden begann.

Das Konzil von Nicaea, das den arianischen Streit behandelte, trug wenig zu dessen Klärung bei. Die gefundene Formulierung ‚wesensgleich dem Vater' besagte damals wenig, weil man diese Wesensgleichheit nicht näher bestimmt hatte; vielleicht war ‚wesensgleich' ein Begriff, mit dem Konstantin sein Verhältnis zu Christus beschrieben sehen wollte. Es kann nicht verwundern, daß die theologische Auseinandersetzung und deren Folgeerscheinungen durch das Konzil nicht beendet waren, sondern sich bereits unmittelbar nach dessen Abschluß fortsetzten.

Weil Konstantin den einheitlichen christlichen Kult durch das Konzil nicht zustande gebracht hatte, beschritt er seit 326 einen anderen Weg. Auf der bisherigen Linie lag es noch, wenn er die Privilegien, die das christliche Kultpersonal hinsichtlich der städtischen Aufgaben besaß (S. 80), auf die Anhänger des orthodoxen Kultes reduzierte, wohingegen die Häretiker und Schismatiker mit den verschiedenen Anforderungen belastet wurden.

Diesen Weg verließ ein Gesetz, das sich gegen die Häresien der Novatianer, Valentinianer, Marcioniten, Paulianer und Phrygier (Montanisten) richtete. Es handelte sich um christliche Kulte, die im einzelnen zu beschreiben hier zu weit führte; eines war ihnen gemeinsam: Alle sonderten sich von den Kulthandlungen der ‚Amtskirche' ab. Waren solche nichtorthodoxen christlichen Kulte in der Form der Donatisten bislang von Konstantin dadurch unter Druck gesetzt worden, daß er sie nicht privilegierte, so verfügte er jetzt direkte Strafen. Ihnen wurde die staatliche Anerkennung als Kultgemeinschaft verweigert, was zur Folge hatte, daß ihnen Zusammenkünfte jedweder Art verboten wurden. Der Staat zog ihre Besitzungen ein, während die Kulträume an die ‚rechtgläubige' Kirche gehen sollten. Dahinter stand das Bemühen Konstantins um einen einheitlichen Kult, eine Idee, die er nicht aufgeben wollte. Als mit Überredung nichts zu erreichen war, griff der Kaiser immer häufiger zu dem Mittel, christliche Kulte zu verbieten und sie so auf einen einzigen und damit einheitlichen Kult zu reduzieren.

Da Konstantin in der Tradition der römischen Herrscher stand, deren Position noch stärker überhöht worden war, seit Diocletian das Hofzeremoniell neu strukturiert hatte (S. 60), vertrat er die Ansicht, daß eine gemeinsame religiöse Grundhaltung aller Untertanen notwendig sei, um die staatliche

Existenz nicht zu gefährden: „Der Staat gerät in große Gefahr, wenn er die Religion mißachtet", schrieb er an einen Statthalter (Eusebius, *Kirchengeschichte* 10, 7, 1). Alle Untertanen mußten wenigstens formal dem Gott huldigen, welchen der Kaiser ihnen als den staatstragenden präsentierte. Nun hatte aber Konstantin einen Gott gewählt, der anders als Jupiter oder der Sonnengott keine anderen Götter mehr neben sich duldete. Die Konsequenzen aus dem Zusammentreffen beider Grundanschauungen sind bekannt: Der Weg in die christliche Staatskirche begann unaufhaltsam und mit der dem Christentum inhärenten Intoleranz und Aggressivität gegenüber anderen Göttern, Kulten und ihren Anhängern.

11. Konstantinopel

Unmittelbar nach dem Erfolg über Licinius ging Konstantin an die weitere Ausgestaltung seines Reiches, die sich mit dem Bau einer neuen Hauptstadt an der Stelle des alten Byzanz gleichsam in einem einzigen Akt symbolisieren läßt. In der an Visionen nicht armen Zeit waren es auch in diesem Fall überirdische Mächte, die ihm die Gründung befahlen. Die Stadt kann als Denkmal des Sieges und damit der persönlichen Leistungen Konstantins begriffen werden, denn einer der Erfolge gegen Licinius war ihre Eroberung durch den damaligen Herrscher des Westens; damit griff Konstantin die Tradition auf, am Ort des Sieges eine Stadt des Siegers zu gründen. Ferner bot sich Byzanz in geographischer und militärischer Hinsicht für eine neue Hauptstadt an. 326 wurde der Grundstein für die Neugründung gelegt, 330 erfolgte die Einweihung.

Gemäß dem Vorbild hellenistischer Herrscher benannte Konstantin die Stadt nach sich selbst: Konstantinstadt, Konstantinopolis. Ihren alten Namen Byzanz verlor sie allerdings nie ganz. Schon früh war der Begriff vom ‚Neuen Rom' verbreitet, ein deutlicher Hinweis darauf, daß die Stadt in der Tat als ‚Zweites Rom' – wie man das Νέα Ῥώμη auch übertragen kann –, als Gegenpol zum alten Rom, besser gesagt als Ersatz für das veraltete Rom konzipiert war. Allerdings blieb in dem Namen des ‚Zweiten Rom' das alte Zentrum des römischen Reiches stets lebendig.

Die Neugründung der Stadt wurde nach jahrhundertealten Riten vorbereitet; in solchen Dingen vertraute Konstantin dem Hergebrachten. Den Stand der Gestirne hatten Astrologen als günstig beurteilt, Auguren hatten den Flug der Vögel beobachtet und gleichfalls das Wohlwollen des Gottes/der Götter notiert. Als oberster Priester umschritt der Kaiser das projektierte Gebiet der Stadt und warf mit dem liturgischen Wurfstab eine Ackerfurche auf, die gleichsam die Grenze der Stadt symbolisierte. Eine Schar paganer Priester assistierte bei der Zeremonie. Für den Tag der Einweihung, den 11. Mai

330, hatte Konstantin ein Horoskop erstellen lassen. Indem er Altes und Neues verband, führte er manches Alte in die neue Zeit hinüber.

Mit der neuen Hauptstadt richtete Konstantin einen neuen Senat nach römischem Vorbild ein, der zunächst aber ein Senat ‚zweiter Ordnung' war, das heißt derjenige in Rom stand im Rang höher. Dementsprechend ist es Konstantin trotz mancher Lockmittel nicht gelungen, eine Abwanderung der Senatoren aus Rom nach Konstantinopel zu erreichen. Daher berief der Kaiser Männer aus den Führungsschichten der Städte des Ostens und der Hofbürokratie in den neuen Senat, der allerdings auf diese Weise in hohem Maße dem Willen des Herrschers unterworfen war. Mit der nahezu ausschließlichen Rekrutierung dieser Personen aus dem griechischen Osten waren die beiden Senate bald Repräsentanten des lateinischen (in Rom) und des griechischen Elements (in Konstantinopel) im Imperium, ein weiteres Moment der Trennung beider Reichshälften.

Konstantin wandte erhebliche Mittel auf, um seine neue Hauptstadt attraktiv zu machen. Für Hofbeamte und Senatoren ließ er repräsentative Wohnungen errichten oder gab direkt Geld, damit die betreffenden Personen Häuser bauen konnten. Um den Stadtausbau noch schneller voranzutreiben und hochgestellte Personen zur Ansiedlung zu zwingen, verpflichtete der Kaiser alle Pächter von Staatsdomänen der Diözesen Asiana und Pontica, in Konstantinopel ein Haus zu bauen.

Angesichts solcher Maßnahmen verwundert es nicht, wenn dem Herrscher Geldverschwendung für seine Stadt vorgeworfen wurde. Die Gründung von Konstantinopel traf gerade im griechischen Osten auf teilweise heftige Kritik. Für Libanius war die neue Hauptstadt nicht nur die Brutstätte von Bigotterie und Ausschweifung, sondern vor allem als Konsumtionszentrum ein Parasit der anderen Städte des griechischen Ostens; denn es ist nicht zu leugnen, daß Konstantinopel Ressourcen bündelte, die anderenorts abgezogen werden mußten. Die Bereitschaft auch der folgenden Herrscher, sich mit Spenden in den übrigen Städten des griechischen Ostens zu engagieren, war deutlich eingeschränkt.

Konstantinopel sollte Residenzstadt wie Verwaltungszentrum werden. Eine wesentliche Rolle für ein derartiges Zentrum spielte in der Antike die Wasserversorgung, denn die Ausmaße der Neugründung übertrafen die Vorgängersiedlung um das Vierfache. Leistungsfähige Aquädukte und Zisternen, die noch heute den Betrachter beeindrucken, stellten die notwendigen Wassermengen für die Kaiserstadt mit all ihren repräsentativen Bädern und Brunnenanlagen zur Verfügung.

Die Stadt wurde mit prächtigen Bauten ausgestattet und erhielt Privilegien jeder Art. Zosimus berichtet, daß Konstantin bei dem Bau der Stadt einen Dioskurentempel im Hippodrom bauen ließ (2, 31, 1). Die beiden jugendlichen Reitergottheiten hatten ‚Rom' schon oft geholfen und sind auch als Schlachtenhelfer Konstantins im Krieg gegen Licinius erwähnt, folglich waren sie auch als Schutzgötter des ‚Neuen Rom' geeignet.

Bei der Gründung der Stadt errichtete man in der Mitte des kreisförmig angelegten Konstantinsforum eine gigantische Porphyrsäule, deren Spitze mit einer Statue des Herrschers geschmückt war; diese Säule wurde zum Wahrzeichen der Stadt, wie die Illustration der Tabula Peutingeriana, einer Weltkarte der antiken Länder, beweist; hier ist sie neben der Stadtgöttin dargestellt (Abb. 5). Seit dem 6. Jahrhundert sind wir durch byzantinische Geschichtsschreiber über das Aussehen der Statue unterrichtet: „Und auf seine Säule setzte er sein eigenes Standbild, das an seinem Haupt sieben Strahlen besitzt" (Malalas 312, 12). Konstantin ließ sich hier, im Zentrum seiner Stadt sowie seines Reiches, als Helios/Sol darstellen. Die Statue hielt die kaiserlichen Insignien Globus, als Sinnbild des Kosmos, und Lanze in ihren Händen. Konstantin war hier im Wortsinn „die Sonne, die alles überschaut", wie es die Bewohner von Termessos in Pisidien in einer Ehreninschrift für den Kaiser formulierten (*Tituli Asiae Minoris* 3, 1, 45). Philostorgius berichtet (*Kirchengeschichte* 2, 18), daß noch im 5. Jahrhundert Christen dem Standbild Konstantins auf der

Abb. 5: Konstantinopel in der Tabula Peutingeriana

Porphyrsäule opferten, Gelübde wie einem Gott ablegten, indem sie um Hilfe in persönlicher Not baten. Wir fassen hier Volksfrömmigkeit, die sich noch lange dem Zugriff der Amtskirche entziehen sollte.

Christliches und Heidnisches erhielten in der neuen Hauptstadt einen gleichberechtigten Platz. Neben die Tempel traten zahlreiche christliche Gotteshäuser.

Die neue, gleichfalls auf sieben Hügeln erbaute Stadt wurde in vierzehn Regionen aufgeteilt. Ihr Gebiet war der Provinzverwaltung entzogen, Konstantin unterstellte die Stadt einem eigens ernannten Prokonsul; später sollte sie wie Rom einen Stadtpräfekten erhalten. Auch die Bevölkerung Konstantinopels erhielt Getreidespenden, sofern sie zu den Hausbesitzern zählte. Es gab bereits vor der offiziellen Einweihung eine eigene Münzprägestätte.

Die Gründung des ‚zweiten' Rom, das nach der Trennung der beiden Reichshälften Hauptstadt des Byzantinischen Reiches wurde, war ein weiteres untrügliches Zeichen für den Zerfall des Imperium Romanum in ein West- und ein Ostreich. Die lange Lebensdauer dieser Hauptstadt und ihres Reichsteils bis zur Eroberung durch die Türken im Jahre 1453 spricht zweifellos für die Wahl Konstantins. Nach dem Fall Konstantinopels ging die Tradition der Stadt an das ‚dritte' Rom über: Moskau unter dem Zaren Iwan III. (1462–1505).

12. Taufe, Tod und Bestattung

Über die Taufe Konstantins waren in der Antike verschiedene Versionen im Umlauf. Nach der Überlieferung der Geschichte Konstantins, wie sie sich in den *Actus Silvestri* seit der Mitte des 4. Jahrhunderts findet, hat Konstantin bis nach seinem Sieg über Licinius 324 als Christenverfolger gewütet. Als er dann an Aussatz erkrankte, versprachen ihm heidnische Priester in Rom Hilfe, wenn er auf dem Kapitol im Blut von Kindern bade. Doch bevor es zum äußersten kam, zog Konstantin den Mordbefehl zurück und brach den Gang zum Kapitol ab. In der Nacht erschienen ihm die Heiligen Petrus und Paulus und verkündeten ihm, er könne durch die Taufe von der Krankheit geheilt werden, die anschließend der Bischof von Rom, Silvester, vollzog.

Zosimus (2, 29, 1–4) bewahrt die Tradition, Konstantin sei zum Christentum bekehrt worden, weil er sich wegen der Hinrichtung der Fausta und des Crispus schuldig fühlte. Als die heidnischen Priester sich weigerten, ihn für die Morde freizusprechen, habe ihm ein Ägypter aus Spanien (S. 10) versprochen, Jesus würde alle Sünden, auch Morde vergeben.

„Die Bischöfe vollzogen den göttlichen Gesetzen gemäß, was vorgeschrieben war, und spendeten ihm die geheimnisvolle Gnade", so schildert schließlich der Kirchenhistoriker Eusebius von Caesarea den Vorgang der Taufe Konstantins im Mai 337 (*Leben Konstantins* 4, 62, 4). Dies geschah in Nikomedien, wobei der dortige arianische Bischof Eusebius nicht mit dem Verfasser der soeben zitierten Zeilen verwechselt werden darf.

Während des gesamten Mittelalters war die zuerst geschilderte Version der Taufe die geläufige. Erst als man die im Zusammenhang mit dieser Überlieferung stehende ‚Konstantinische Schenkung' als Fälschung entlarvte (S. 111), kamen auch Zweifel an dieser Darstellung der Taufe auf. Heute folgt man daher der Überlieferung des Eusebius.

Es handelte sich, so jedenfalls will es der Kirchenhistoriker vermitteln, um eine der üblichen Taufen auf dem Krankenlager. Das Aufschieben der Taufe bis zur Todesgefahr hatte mit Beginn des 4. Jahrhunderts erheblich zugenommen. Noch Constantius II., von frühester Jugend an christlich erzogen, ließ sich erst sehr spät taufen. Vor der Schlacht gegen den Usurpator Magnentius 351 verlangte der ungetaufte Kaiser von seinen Soldaten, sich taufen zu lassen, „denn ich ertrage es nicht, mit denen zusammen zu kämpfen, die nicht in die Mysterien eingeweiht (also ungetauft) sind" (Theodoret, *Kirchengeschichte* 3, 3, 7). Treffend führte der Kaiser weiter aus, das Leben sei eine sehr unsichere Sache, zumal in einer Schlacht, wo Waffen klirrten und Pfeile flögen; dabei könne einen der Tod sehr schnell ereilen. Auf jeden Fall galt dies für den gemeinen Soldaten, denn Constantius selbst blieb bis 361, bis zum Kampf gegen Iulian, ungetauft. Dessen Aufstand nahm der Herrscher ernster, wie wir heute wissen zu recht, und ließ sich vor der Entscheidungsschlacht taufen, zu der es dann allerdings nicht mehr kam, weil Constantius II. vorher starb.

Der Grund für die späte Taufe lag in der generellen Vergebung der Sünden, die man damit erwartete und die man nicht vorschnell verschleudern wollte. Die Bischöfe haben dies energisch bekämpft. Zum einen barg diese ‚Technik' das Risiko in sich, ungetauft zu sterben, wie es dem christlichen Kaiser Valentinian II. (375–392) widerfuhr; dies brachte das Problem mit sich, wie ein solcher Herrscher in den Himmel kommen konnte. Zum anderen fielen für die Bischöfe Disziplinierungsmöglichkeiten gegenüber Ungetauften weg; nur einen getauften Theodosius (379–395) konnte Ambrosius im Jahre 389 zur Kirchenbuße zwingen. Es dauerte lange, bis sich die Bischöfe bei den führenden Kreisen durchsetzen konnten, zumal das Vorbild des ersten christlichen Kaisers bei entsprechenden Vorhaltungen störte.

Wenige Tage nach seiner Taufe soll Konstantin verstorben sein. Bei kaum einem antiken Herrscher sind die Nachrichten über seinen Tod ohne den Beigeschmack des Skandalösen.

Immer wieder gab es jemanden, der aus den unterschiedlichsten Motiven heraus Gerüchte über eine mögliche unnatürliche Todesart ausstreute. Im Falle Konstantins war dies der arianische Kirchenhistoriker Philostorgius. Er versuchte den arianischen Kaiser Constantius II. vom Mord an den Halbbrüdern des Vaters, also Konstantins, reinzuwaschen, indem er diese ihrerseits des Mordes an Konstantin beschuldigte (S. 16 und 16a [*Artemii Passio* 7], S. 26–27 [Bidez/Winkelmann]).

Konstantins Tod hatte nämlich ein Blutbad ausgelöst, das führende Militärs in Konstantinopel anrichteten, um mehrere Verwandte des Verstorbenen aus Nebenlinien als potentielle Konkurrenten aus dem Weg zu räumen: Iulius Constantius sowie dessen Söhne Dalmatius und Hannibalianus (S. 57). Anschließend ließen sich Constantius II. und seine zwei Brüder Constantin II. und Constans am 9. September 337 zu *Augusti* ausrufen. Eine weitere Säuberungswelle folgte. Ihr fielen einige alte Vertraute Konstantins zum Opfer, der prominenteste unter ihnen Ablabius, Prätorianerpräfekt des Ostens und Vater der Verlobten des Constans. Konstantin hatte ihn beauftragt, sich um den jungen Constantius II. zu kümmern; ob dieser sich den lästigen Aufpasser vom Hals schaffen wollte oder, wie später noch öfters, Hochverrat witterte, bleibt unbekannt.

Konstantin war Christ gewesen, aber es war ein Christentum eigener Art. Der Kirchenhistoriker Eusebius vermittelt uns auf der so schwarz wie möglich gemalten Folie der nichtchristlichen Vorgänger das Bild eines christlichen Kaisers in hellsten Farben. Dabei retuschierte er in zweifacher Hinsicht: Sicherlich überzeichnete er die christliche Seite des Herrschers; dies ist immer wieder betont worden. Nicht übersehen darf man allerdings, daß er offensichtlich auch in Konstantins Verständnis vom Christentum dort eingriff, wo dieses gängigen christlichen Anschauungen zu krass entgegenstand.

Konstantin wollte in seiner neuen Hauptstadt Konstantinopel in einer Basilika bestattet werden; erst Constantius II. ließ ein Mausoleum an diese Kirche bauen und trennte damit

Kirche und Grabstätte. In dieser Basilika stand Konstantins Sarkophag in der Mitte von vermutlich zwei Halbkreisen mit jeweils sechs Apostelkenotaphen, Grabmale, die eine reine Zeichenfunktion besaßen, da noch keine Apostelreliquien in der Kirche waren. Sein Sarkophag war größer als die übrigen und bildete das Zentrum des Baus, vielleicht unter dem Zenit eines Tambours. Wer war diese dreizehnte Person inmitten der zwölf Apostel? Wer anderes als Christus, als der wesensgleiche Sohn Gottes selbst? Konstantin wollte sich erst spät, gegen Ende seines Lebens taufen lassen; dies entsprach noch den Gepflogenheiten der Zeit. Aber er wollte sich im Jordan taufen lassen, wo schließlich auch der getauft worden war, der er sein wollte: Christus. „Du bist wie jener Gott", hatte ihm ein Lobredner zugerufen und Apollo gemeint. Konstantin wird an diesem Verständnis festgehalten haben, ob der Gott nun Apollo oder Christus hieß. Angesichts dieser Pläne Konstantins frage ich mich, ob die Rede eines katholischen Priesters anläßlich der Einweihung der Grabeskirche in Jerusalem dem Herrscher wirklich so mißfiel, wie Eusebius es darstellt. Der Geistliche pries Konstantin selig, weil „er schon in diesem Leben der Alleinherrschaft über das ganze Reich gewürdigt sei und im künftigen mit dem Sohn Gottes herrschen werde" (*Leben Konstantins* 4, 48). Immer wieder fällt die Annäherung Konstantins an Christus auf. Eusebius hat, um auf den Ausgangspunkt zurückzukommen, dies abgemildert, aber zweifellos wurde die Nähe der Kaiser zu Gott/den Göttern nicht wesentlich geringer, als es sich um einen christlichen Gott handelte. Im 7. Jahrhundert, nach mehreren Jahrhunderten christlicher Tradition, trug man an den byzantinischen Kaiser Konstantin IV. Pogonatos (668–685) die Idee heran, er solle seine beiden Brüder zu Mitkaisern erheben, damit man auf Erden ein Abbild der himmlischen Dreieinigkeit vor Augen habe (Theophanes, *Chronographie* 352, 15).

Wie Konstantin seinen Vater nach dessen Tod unter die Götter erhoben hatte, so verfuhren seine Söhne nach seinem Ableben. Konstantin wurde konsekriert und erhielt die Bezeichnung *divus*, Gott. Das Ereignis wurde in Konsekrationsmünzen gefeiert, die nochmals die religiöse Ambivalenz seines Zeitalters vor Augen führen. Von diesen Münzen, wie sie nach dem Tod des Kaisers geprägt worden sind, haben wir die Originalstücke und die Beschreibung des Eusebius (*Leben Konstantins* 4, 73). Auf einem der Münztypen ist Konstantin dargestellt, wie er in einen Mantel gehüllt mit ausgestreckter Hand auf einer Quadriga in den Himmel fährt; von dort streckt sich ihm die helfende Hand Gottes entgegen (Abb. 6). Dieses Bild gemahnt so eindeutig an die Fahrt des Sonnengottes in seinem Wagen, daß selbst Eusebius bei seiner Beschreibung auf jegliche christliche Deutung verzichtete. Mit der Konsekration Konstantins hatte sich der Kreis endgültig geschlossen. Konstantin war nun Gott, er war die Sonne, in der er wohl immer seine höchste Gottheit repräsentiert sah. Wer aber diese Gottheit war, ließ sich an der Hand selbst nicht erkennen.

Abb. 6: Konsekrationsmünze Konstantins

13. Der Glaube Konstantins

Dem Historiker der Antike ist angesichts seiner Quellenlage nur ein äußerst eingeschränkter Zugang zu den persönlichen Auffassungen eines Menschen möglich; wir haben keinen Schlüssel zu der Persönlichkeit Konstantins, sehen wir doch nur die öffentlich vorgetragenen Äußerungen des Herrschers. Festzustehen scheint mir, daß sich politische und religiöse Ziele für die Handlungen Konstantins nicht ausschließen; es handelt sich dabei um zwei Aspekte, die angesichts der antiken Religiosität nicht losgelöst voneinander betrachtet werden dürfen. Konstantins Religiosität leitete sich aus dem Synkretismus der Zeit ab, wobei dieser Begriff nicht negativ besetzt ist.

Der Begriff der ‚Bekehrung', wie er für Konstantin verwendet wird, ist problematisch. Vor einem christlichen Hintergrund ruft er sofort Analogien zu Paulus wach; dies trifft aber auf Konstantin wohl nicht zu. Bereits in der Antike machte man sich Gedanken über die Beweggründe der Hinwendung Konstantins zum Christentum. Für die Beurteilung dieser Entscheidung sind zwei Dinge auseinanderzuhalten. Dies sind auf der einen Seite Maßnahmen, mit denen er die Christen unterstützte, deutliche Zeichen von Sympathie, die seit 313 unübersehbar sind; etwas anderes sind Bestrebungen, von den bisherigen Göttern abzurücken. Ersteres begann vielleicht schon 306, sicher nach dem Sieg an der Milvischen Brücke 312, letzteres erst nach dem Sieg über Licinius 324.

Antike Götter und Kulte waren stets als Angebot an den Menschen verstanden worden, der sich einen oder mehrere Götter auswählte, um seine eigenen, ganz persönlichen religiösen Bedürfnisse zu befriedigen. Wählte Konstantin also nach 312 einen neuen Gott, oder interpretierte er seinen bisherigen ‚Glauben' neu, dann war dies eben kein auffallender Einschnitt für die antiken Vorstellungen von Religiosität. Dies stand jedem frei, wobei selbstverständlich einer derartigen Entscheidung eines Herrschers besonders Gewicht zukam.

Konstantin war Christ, obgleich er nie an einem Gottesdienst teilgenommen hat; er war im damaligen Verständnis nicht einmal Katechumene. Für seine Aufnahme in den Katechumenat wäre die Teilnahme am Gebetsgottesdienst der Gemeinde notwendig gewesen; dazu hätte es vorausgehender Bußübungen und des Sündenbekenntnisses bedurft. Um als Christ bezeichnet zu werden, genügte der Anschluß an die Lehre oder das einfache Bekenntnis. So wie sich Konstantin als Christ fühlte, hat er sicherlich auch selbst entschieden, wen er in seiner Umgebung als Christen ansah und wen nicht.

Es gilt weiter zu bedenken, daß es kein monolithisches Christentum gab, und wir nicht wissen, welche Richtung Konstantin kennenlernte, als er den neuen Kult als seinen eigenen erkannte. Die Arianer etwa konnten dem Kaiser das für die Definition seiner Stellung und die Unterstützung seiner Macht bessere religiöse und ideologische Konzept bieten. Da Christus nach ihrer Meinung Gott eben nur wesensähnlich war, weil der Sohn Gottes nicht vor aller Zeit existiert habe, sondern in der Zeit gezeugt und geschaffen worden sei, war der Unterschied zwischen dem Kaiser und Christus in Bezug auf Gott nur noch minimal.

Konstantin präsentierte seinen Gott der Öffentlichkeit unter Bezeichnungen wie ‚höchste Gottheit' oder ‚höchster Gott'. Vorstellungen von den Göttern hatten in der Antike immer etwas Fließendes; sie zeigten sich den Menschen in unterschiedlichen Erscheinungsweisen, wurden unter verschiedenen Namen verehrt und waren doch nur einer. Ein Lobredner formulierte dies so (*Panegyrici Latini* 12 [9], 26, 1): „Schöpfer aller Dinge, der Du so viele Namen trägst, wie es nach Deinem Willen Sprachen der Völker gibt." Jeder einzelne glaubte dabei, daß die für viele zwar unterschiedlichen Erscheinungsweisen in Wirklichkeit doch nur eine einzige höchste Gottheit meinten. Insofern hätte der Glaube an den höchsten Gott durchaus zum Bindeglied zwischen den verschiedenen Religionen werden können.

Der zu Beginn des Buches geschilderte Verzicht auf den Gang zum Kapitol und die damit vollzogene Abkehr von den heidnischen Kulten waren in den Augen der von ihrer Ausgangslage her toleranten Heiden der entscheidende Einschnitt in der gesamten Religionspolitik Konstantins. Mit der Ablehnung anderer Kulte, mit den Angriffen auf andere Kulte und damit auch auf bislang nie in Frage gestellte Möglichkeiten religiöser Betätigung änderte sich etwas im römischen Reich, und dies registrierten viele. Erst mit dem Sieg über Licinius, so schreibt Libanius, trat eine Zäsur ein, ohne daß er allerdings in seiner Rede Namen nennt (*Oratio* 30, 6): „Als wir noch Kinder waren, wurde derjenige, der Rom mißhandelte (Maxentius), von dem beseitigt, der ein Heer von Galliern gegen ihn führte (Konstantin), die gegen Götter vorgingen, zu denen sie zuvor gebetet hatten. Als er (Konstantin) aber nach jenem sogar einen Mann besiegt hatte, der den Städten eine Blütezeit beschert hatte (Licinius), und zu der Meinung gekommen war, daß es ihm nütze, an einen anderen Gott zu glauben, verwendete er zwar die Tempelschätze zum Bau der Stadt, die ihm am Herzen lag (Konstantinopel), änderte aber den überlieferten Kult in keiner Weise, vielmehr herrschte zwar Armut in den Tempeln, aber man konnte sehen, daß das übrige vollzogen wurde."

Es ist sicherlich falsch, von Konstantin in religionspolitischer Hinsicht Widerspruchsfreiheit und Konsequenz zu verlangen, wie dies manche moderne Arbeiten vorauszusetzen scheinen. Die Feststellung des Iamblich, daß man mit menschlicher Logik nicht an das Wesen der Götter heranreiche (Iamblich, *de mysteriis* 3, 25 p. 160, 2 [Parthey]), gilt in gleicher Weise für die menschliche Religiosität. Dennoch wird man einige Aspekte seiner Religionspolitik, von wenigen kurzfristigen Erscheinungen abgesehen (S. 75), als einheitlich bezeichnen können. Diese Geradlinigkeit manifestiert sich in zwei Grundzügen: Förderung des christlichen Kultes bei gleichzeitiger Betonung des Rechtes aller Menschen auf freie Religionsausübung. Dies formulierte auch Lactanz (*Auszug aus den göttlichen Unterweisungen* 49, 2): „Nun ist es aber allein die Religion, in der die Freiheit ihre Wohnung aufgeschlagen hat. Sie ist nämlich mehr als anderes eine Sache der

Freiwilligkeit, und es kann niemandem aufgezwungen werden, daß er verehrt, was er nicht will." Konstantins Bekenntnis zum Christentum führte dazu, daß er bemüht war, den von ihm geförderten Kult zu einem einheitlichen zu machen. Daher fielen seine Maßnahmen gegenüber den sogenannten Häretikern härter aus als gegenüber den Anhängern der alten Kulte. Am Ende stand eine gewaltige Stärkung der christlichen Kulte, die Konstantin geradezu in eine Mitverantwortung für den Staat gerufen hatte.

Heidnisches und Christliches existierte für viele längst neben- und miteinander, und bei Konstantin war dies nicht anders. Das berühmte, immer wieder zitierte und in seiner Bedeutung völlig überschätzte Silbermedaillon (6,4 Gramm) aus der Prägestätte Ticinum/Pavia in Italien ist ein Beispiel dafür (Abb. 7a). „Der Herrscher Constantinus, der fromme (und) vom Glück begünstigte Kaiser", *imp(erator) Constantinus p(ius) f(elix) Aug(ustus)*, trägt einen Schild, auf dem groß das alte Symbol Roms, die Wölfin mit den Zwillingen, abgebildet ist, klein das neue Kriegssymbol, das Christogramm am Helm des Herrschers (S. 38). Wenn man sich die Maße des Medaillons, die eine Erinnerungsmünze und kein Zahlungsmittel war, vor Augen führt – sie hat einen Durchmesser von zweieinhalb Zentimetern –, erhält das Neue seine eigentliche Relation. Von diesem Medaillon sind bis heute drei Exemplare bekannt; das Einzelstück geht in der großen Zahl traditionell gestalteter Münzen völlig unter. Etwa zwei Millimeter mißt das Christogramm, weshalb in nahezu sämtlichen Darstellungen dieses Medaillon vergrößert abgebildet wird. Was auch immer das Zeichen am Helm bedeuten sollte, es war mit bloßem Auge kaum zu erkennen.

Konstantin und der Sonnengott sind auf einem Goldmedaillon, mit dem Gewicht von etwa neun *Solidi* (39,8 Gramm), aus Ticinum dargestellt (Abb. 7b). „Der unbesiegte Constantinus, der fromme (und) vom Glück begünstigte Kaiser", *invictus Constantinus p(ius) f(elix) Aug(ustus)*, ist zusammen mit Sol invictus in einer zwillingshaften Darstellung gezeigt. Zwar sind physiognomische Unterschiede zwischen den beiden Köpfen deutlich auszumachen, der Gott trägt die Strahlenkrone, Mund, Nase und Frisur unterscheiden sich; aber beide Köpfe wachsen gleichsam aus einer Büste. Es handelt sich um eine ausdrucksstarke Darstellung der engen Beziehungen zwischen Kaiser und Gottheit. Auch diese Münze aus Ticinum, die allerdings im Vergleich zur oben erwähnten einen beträchtlichen Wert darstellte, ist kein Massenprodukt, aber beide zusammen veranschaulichen die Ambivalenz des ‚Glaubens' Konstantins. Beide Münzen sind nicht genau datierbar; es ist allerdings für die Interpretation nicht wesentlich, sie zeitlich präzise einordnen zu können, weil diese Ambivalenz seit 312 die öffentliche Präsentation Konstantins durchzog. Es war ein langer Prozeß, in dessen Verlauf der christliche Sonnengott gegenüber dem heidnischen die Oberhand gewann, gleichzeitig aber auch eine Vermischung der jeweiligen Aspekte stattfand.

Abb. 7: Prägungen aus Ticinum – a) Silbermedaillon; b) Goldmedaillon

14. Eusebius, der Biograph Konstantins

Eusebius von Caesarea (um 260–340) war ein Bischof und Kirchenhistoriker, dessen Schriften das Bild des ersten christlichen Kaisers für die Nachwelt entscheidend geprägt haben. Er erhielt in seiner Heimatstadt an der von Origenes gegründeten Schule und berühmten Bibliothek seine Ausbildung. Während der Christenverfolgung mußte er 303 nach Ägypten fliehen, wurde aber dort eingekerkert; nach dem Erlaß des Toleranzediktes konnte er nach Caesarea zurückkehren, wo man ihn 313 zum Bischof weihte. In der Auseinandersetzung um Arius, der wie der Bischof selbst stark von Origenes geprägt war, unterstützte Eusebius den Kleriker, woraufhin ihn eine Synode 324 exkommunizierte. Die Beschlüsse des Konzils von Nicaea unterschrieb Eusebius nur unter Vorbehalt. Unter den historischen Schriften des Bischofs ragt seine ‚Kirchengeschichte' heraus, die in zehn Büchern die Zeit von der Erschaffung der Welt bis zum Sieg Konstantins über Licinius beschreibt. Das Werk wurde schon im 4. Jahrhundert ins Syrische und bald darauf ins Armenische übersetzt. Unter den panegyrischen Schriften auf Konstantin ist vor allem das ‚Leben Konstantins' herauszuheben, ein maßlos übertreibender Lobeshymnus auf den Herrscher in vier Büchern; wichtig ist dieses Werk, weil es zahlreiche Urkunden enthält.

Wenn hier dem (arianischen) Bischof Eusebius von Caesarea ein eigener Abschnitt gewidmet ist, dann nicht deshalb, weil er großen Einfluß auf Konstantin gehabt hätte, dessen kirchliche Berater weitgehend unbekannt bleiben. Eusebius hat den Kaiser wohl nur drei- oder viermal in Konstantinopel oder der näheren Umgebung kurz getroffen und verbrachte die restliche Zeit in seinem Bistum in Caesarea. Eusebius prägte zwar nicht den Kaiser – wenn dies überhaupt jemand vermochte –, aber das Bild, das sich die Nachwelt über ihn machte.

Entscheidend ist hierbei das historische Konzept des Kirchenschriftstellers. Er versteht den Ablauf des Weltgeschehens als ein ständiges Fortschreiten zum Besseren, bis schließlich in seiner eigenen Zeit das Christentum den gesamten Erdkreis erfaßt hat. Vor allen Dingen die ‚Kirchengeschichte' des Eusebius ist eine Dokumentation des Siegeszuges des Christentums. Christentum und Monarchie gehören für ihn untrennbar zusammen, weil beide zeitgleich entstanden sind, eine Vorstellung mit ungeheurer Folgewirkung. Mit Augustus entstand ein einheitliches römisches Reich unter einem Herrscher, und unter diesem Kaiser erschien Christus. So wie der Kaiser den staatlichen Partikularismus beseitigte, so beseitigte Christus die vielen Götter. Mit dem Sieg des ersten christlichen Kaisers Konstantin über Licinius 324 sah Eusebius seine Geschichtsauffassung bestätigt: Das Christentum hatte in dem Alleinherrscher Konstantin gesiegt.

Eine neue Dimension erhielt dieses Konzept des Bischofs, als er aufgefordert wurde, 335 die Festrede anläßlich des dreißigjährigen Herrschaftsjubiläums, der Tricennalien, zu halten. Ein solcher Vortrag unterlag Anforderungen eigener Art, weil in einer solchen Festrede der Geehrte, der Kaiser, unbedingt im Mittelpunkt stehen mußte. Zwar bildet die Geschichtstheologie des Eusebius auch hierbei die Folie, für Konstantin aber entwirft der Bischof eine Herrschertheologie, die dessen Rolle in der Heilsgeschichte neu definiert. Man könnte sagen: Was in der Kirchengeschichte als Werk Christi beschrieben wird, gerät nun zur alleinigen Leistung Konstantins. Mit der Sicht des Herrschers als eines Mannes, in dem die höchste Gottheit auf Erden handelt – Eusebius vermeidet den Namen Christus –, paßt er sich der Sichtweise seiner Vorgänger in der Aufgabe des Lobredners an. Das himmlische Königtum wird mit dem irdischen ebenso in Parallele gesetzt wie der himmlische König mit Konstantin. Was Diocletian und die Tetrarchen für sich in Anspruch genommen hatten, nämlich Deuter des göttlichen Willens zu sein, übernimmt Eusebius, und überträgt es auf die christliche Botschaft; deren Lehrer, Dolmetscher und Künder ist Konstantin.

Die Tricennalienrede des Eusebius ist Ausweis einer klassischen Bildung, wie sie allen hochgestellten Personen damals zu eigen war. Der Bischof paßte sich in dieser Rede, die als

Festrede wie kein anderes Werk dem Willen des Herrschers unterzuordnen war, dem Vokabular der an der platonischen Philosophie orientierten allgemeinen Gottesvorstellung an. Wenn er darüber hinaus den Namen des Gottes Christus nicht nennt, ist dieses Schweigen das beste Zeugnis dafür, daß Konstantin immer noch mit eher allgemeinen Bezeichnungen wie ‚höchster Gott' oder ‚höchste Gottheit' möglichst viele Reichsbewohner sowie Anhänger möglichst vieler Kulte ansprechen wollte. Nicht daß der Gott Konstantins unbekannt geblieben wäre, aber die Vorstellung, daß die höchste Macht sich in vielerlei Gestalten den Menschen zeigen konnte, war noch präsent. Vergleicht man die Tricennalienrede mit den übrigen Arbeiten des Eusebius, dann fällt die Zurückhaltung auf, derer sich der Bischof befleißigte, das heißt befleißigen mußte. Derartige Reden wurden dem Herrscher vorgelegt und von diesem gebilligt. Konstantin war der Herrscher des Reiches, ja in der Theorie Herrscher der Welt, und er war damit Herrscher aller Menschen, welchem Gott auch immer sie anhingen. Deshalb steht Heidnisches und Christliches in den Äußerungen Konstantins ebenso nebeneinander wie in denjenigen seiner Untertanen.

Zieht man ein Fazit dieser Rede, dann bleibt vor allem der Eindruck, daß hier ein Herrscher gefeiert wird, der sich längst über die Niederungen der alltäglichen Politik erhoben hat. Konstantin ist der ideale Herrscher, der eine Über-Lebensgröße erreicht hat, wie sie etwa in der Kolossalstatue im Hof des Konservatorenpalastes in Rom noch heute zu erahnen ist (Abb. 8; S. 108–109). Allein der Kopf des Kaisers (8 a) mißt 2,60, die rekonstruierte Sitzfigur (8 b) über 10 Meter. Diese Größe hob ihn, wie das seit Caesar und Augustus üblich war, bereits zu Lebzeiten über das menschliche Maß hinaus. Diese Ansicht teilte Konstantin, der Sohn des Gottes Constantius, Nachfolger und Verwandter der Götter Maximianus und Claudius Gothicus, der sich einmal eins mit Apollo gesehen hatte und dies nun auf Christus übertrug.

Prägend für das spätere Bild Konstantins bei christlichen Autoren wurde die letzte Schrift, die wir aus der Feder des

Eusebius besitzen, das *Leben Konstantins*. Sie ist vielleicht schon zu Lebzeiten des Kaisers begonnen, in den wesentlichen Teilen aber erst nach seinem Tod verfaßt worden. Es ist keine Lebensbeschreibung im eigentlichen Sinn, da Eusebius das Idealbild eines christlichen Herrschers entwerfen wollte. Es ist eine Trivialität, sei aber dennoch ausgesprochen: Selbstverständlich berichtet Eusebius hier nur das, was er für gut, fromm und vorbildlich hielt.

Die Art der Bearbeitung von Geschichte, wie Eusebius sie praktizierte, möchte ich anhand seiner Schilderung des Todes Konstantins erläutern; hieran läßt sich ferner zeigen, wie seine Schrift in der Folgezeit rezipiert oder ignoriert wurde.

Während der Osterfeiertage des Jahres 337 erkrankte Konstantin schwer. Er begab sich an die Südküste des Golfes von Nikomedien, zu den heißen Quellen in der Nähe von Helenopolis. Hier betete er in der Martyrerkirche. Als er merkte, daß er sterben mußte, bat er die Bischöfe um die Taufe und starb am Pfingstfest, am 22. Mai 337. Soweit der Bericht des Bischofs. Längst nicht alle antiken Autoren lassen Konstantin während der Kur versterben. Heidnische Historiker wie Libanius (344/45), Iulianus (Herrscher von 361–363), die *origo Constantini* (um 360), Aurelius Victor (361), Eutrop (369) und Festus (um 370) behaupten einhellig, Konstantin sei während des Feldzugs gegen die Perser im Lager gestorben. Lediglich über den Todesort, bei Nikomedien, sind sich alle einig.

Irgendetwas an der Vorstellung, Konstantin sei zu Beginn eines Feldzugs gestorben, empfanden einige christliche Autoren, die nach Eusebius schrieben, als unbefriedigend. Vielleicht paßte es nicht in das Bild eines friedliebenden Herrschers, vielleicht aber störte auch nur, daß der begonnene Krieg gerade die letzte Lebenshandlung des Herrschers unvollendet gelassen hatte.

Die Sichtweise der letzten Tage Konstantins, wie sie Eusebius prägte, setzte sich bei den christlichen Historikern durch. Bei Rufinus (410), Philostorgius (439), Sokrates (439), Sozomenus (450) und Theodoret (466) findet der Perserfeldzug im Zusammenhang mit dem Tod Konstantins keine Erwähnung,

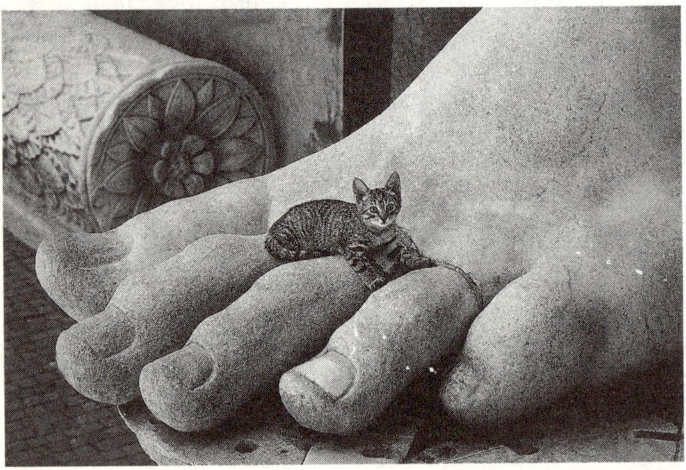

Abb. 8: Kolossalstatue Konstantins
a) (oben): einzelne Körperteile
b) (rechts): Rekonstruktionsversuch

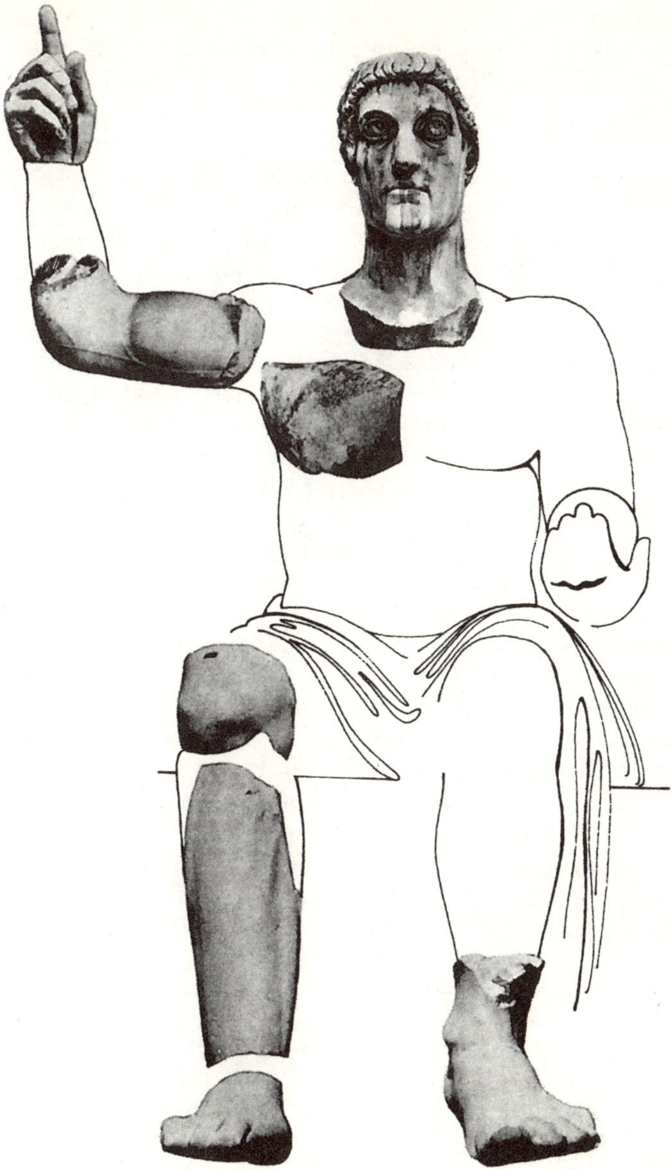

obwohl einige von ihnen von einem Perserkrieg durchaus Kenntnis haben. In einem solchen Milieu sind wohl diejenigen zu vermuten, die die zweite Hälfte des 56. und das 57. Kapitel des vierten Buches von Eusebius' *Leben Konstantins* vernichteten; diese Abschnitte sind bis heute verloren. Dabei sind die zu Beginn des Werkes zusammengestellten Kapitelüberschriften übersehen worden, so daß wir aus ihnen ableiten können, daß es in diesen Passagen um die Kriegsvorbereitungen ging. Weil einige dieser eben genannten Autoren zwar von einem derartigen Feldzug sprechen, ohne aber auf das Ende des Unternehmens einzugehen, stand später einer glorifizierenden Ausmalung dieser ‚Tat' des ersten christlichen Kaisers nichts mehr im Wege. Im 6. Jahrhundert schreibt Johannes Malalas (13, 317): „Er (Konstantin) begann einen Krieg gegen die Perser, war siegreich, und schloß einen Friedensvertrag mit Schapur, dem Herrscher der Perser. Es war der Perser, der die Römer um Frieden bat." Um die Wende vom 7. zum 8. Jahrhundert regt die Phantasie Johannes von Nikiu zu folgender ‚Darstellung' des Perserkrieges an (72, 61–62): „Er (Konstantin) zog in den Krieg gegen die Städte Persiens und eroberte sie. Und als er sie erobert hatte, baute er sie in Frieden wieder auf und übergab ihnen Geschenke zusammen mit einem Horn, das sie für den Herrscher zu blasen pflegten. Und mit Herzlichkeit empfing er alle Christen, die dort lebten. Und er entfernte die städtischen Beamten und alle Würdenträger und ersetzte sie durch Christen. Und er baute herrliche Kirchen in allen Städten und Dörfern."

Eusebius trug entscheidend zur Ausgestaltung des Mythos Konstantin als wahrhaft christlichem Kaiser bei. Dazu gehörte beispielsweise, daß der Bischof eine anti-heidnische Religionspolitik des Herrschers durch die Nennung von Gesetzen und die Schilderung von Beispielen skizzierte, die es so nicht gab. Immerhin bewahrte er wenigstens auch die Zeugnisse, wie Konstantins *Schreiben an die östlichen Provinzen*, die seiner eigenen Interpretation teilweise den Boden entziehen.

15. Konstantin und das Abendland

Geschichte ist ein Steinbruch, aus dem jede Generation sich das herausbricht, was sie zur Bewältigung oder zur Unterhaltung der eigenen Zeit benötigt. Man übernimmt Denkformen oder Namen als Schablonen, in die je nach Bedarf und Möglichkeiten neue Inhalte gegossen werden. Es gibt daher nicht *das* Konstantin-Bild, sondern viele verschiedene, wechselnde Sichtweisen je nach Interessenlage. Der ‚Steinbruch Konstantin' bot mancherlei Möglichkeiten für spätere Generationen, sich zu bedienen. Allem voran stand die Tatsache, daß Konstantin der erste christliche Kaiser gewesen war; vor allem dem *Leben Konstantins* des Eusebius war es zu verdanken, daß Konstantins Wirken als Christ der Nachwelt als Vorbild dienen konnte. Die Bedeutung dieses ersten ‚christlichen' Kaisers dokumentiert sich auch darin, daß die Kirche ihrerseits ihren späteren weltlich-politischen Machtanspruch durch die sogenannte ‚Konstantinische Schenkung' (*donatio Constantini*) zu begründen versuchte.

Seit der Mitte des 4. Jahrhunderts kursierte die Erzählung von der Taufe des Christenverfolgers Konstantin durch den römischen Bischof Silvester und die folgende Heilung des Herrschers vom Aussatz (S. 60). Aus Dankbarkeit, so schloß sich eine weitere Erzählung an, habe der Kaiser noch am selben Tag eine christenfreundliche Politik aufgenommen und den Bischof von Rom zum Haupt aller Kirchen erklärt. An dieser Legende wurde weitergesponnen: Im 8. Jahrhundert entstand eine Urkunde, die lange Zeit als echt galt. In ihr werden der Vorrang der Stadt Rom über alle Kirchen, die Verleihung kaiserlicher Abzeichen an den Bischof von Rom, den späteren Papst, die Schenkung des Lateranpalastes sowie die Abtretung Roms, Italiens und der abendländischen Provinzen an die Kirche bestätigt; anschließend habe sich der Kaiser selbst nach Byzanz zurückgezogen und mit der Herrschaft über den Osten begnügt. Die ‚Konstantinische Schenkung' war geschaffen und tat ihre Wirkung, bis Nikolaus von

Kues (1401–1464), Lorenzo Valla (1407–1457) und Reginald Pecock (ca. 1395–1459) sie im 15. Jahrhundert als Fälschung entlarvten. Bis dahin war Konstantin allerdings dort allgegenwärtig, wo es um die weltliche Herrschaft der Kirche ging. Ein weiterer Ansatzpunkt, an dem spätere Generationen anknüpften, war die Gründung Konstantinopels. Man konnte Konstantin als den Baumeister des byzantinischen Staates oder als Verräter am römischen Reich sehen.

Unabhängig von der Absicht, mit der man sich Konstantin vergegenwärtigte, seine Gestalt verflüchtigte sich rasch hinter einer Idee, derjenigen des christlichen Weltherrschers, der mit größer werdendem zeitlichem Abstand immer stärker zum Vorbild geriet. Auch die ‚Konstantinische Schenkung' wurde zum Vorbild, die, solange sie noch nicht als Fälschung erkannt war, weitere Fälschungen nach sich zog. In Trier entstand gegen Ende des 11. Jahrhunderts die Tradition, Kaiser Otto I. (936–973) habe dem Kloster St. Maximin ausgedehnte Ländereien geschenkt und Ehrenrechte am Hof verliehen, um Konstantin nachzueifern.

Konstantin und sein Werk bezeichneten für den mittelalterlichen Menschen den Beginn einer neuen Epoche, ja er verkörperte die Neuordnung der gesamten Welt schlechthin. Konstantin geriet zum Vorbild, an dem alle späteren gemessen wurden. Als Chlodwig (481–511) sich taufen ließ oder Karl (768–814) sich als würdiger Lenker des römischen Reiches erwies, feierten Dichter und Geschichtsschreiber beide als ‚neuen Konstantin'. Mit Karl war allerdings selbst ein ‚klassisches' Beispiel in die Welt getreten, das in Zukunft häufig ebenbürtig neben Konstantin gestellt werden konnte; als symptomatisch für diesen Vorgang mag die Namensgebung Kaiser Ludwigs des Blinden (887–928) für seinen Sohn angeführt sein: Karl Konstantin. Bei der damit einhergehenden engen Verbindung der beiden Herrscherpersönlichkeiten lag es dann nahe, daß die Dichtung die Charakterähnlichkeit zur Verwandtschaft umdeutete; im Gedicht *König Rother* aus der zweiten Hälfte des 12. Jahrhunderts ist Konstantin der Urgroßvater Karls.

Ein Sonderthema der ‚deutschen' Konstantin-Rezeption könnte ‚Konstantin und die Sachsen' lauten. Ausgangspunkt für deren Beziehung zu dem römischen Kaiser ist eine Notiz der *Epitome de Caesaribus*, die davon berichtet, an der Kaisererhebung Konstantins in York habe der Alamannenkönig Crocus entscheidenden Anteil gehabt. Die hier genannten Alamannen wurden zu ‚Deutschen' mit römischer Vergangenheit. Dementsprechend eröffnet die um 1220 entstandene *Sächsische Weltchronik* Eike von Repgows die Darstellung über Konstantin mit den Worten (Kap. 77): „In deme 311. Jare van der bort unses herren ... Constantinus, des keiseres Constancius unde Helenen sone, wart gekoren to keisere in Brittania van des Dudischen (deutschen) koninges helpe."

Otto III. (983–1002) war in einer imperialen Konstantin-Tradition aufgewachsen, die von römischer und byzantinischer Überlieferung geprägt war; letztere hatte er von seiner Mutter Theophanu, Tochter eines byzantinischen Kaisers, geerbt. In einem solchen Umfeld findet sich daher der in der deutschen Konstantin-Rezeption vereinzelt dastehende Fall, daß Brun von Querfurt († 1009) Konstantin als Heiligen verehrte. Vielleicht hatte Otto auch etwas von der byzantinischen Denkweise geerbt, die wir heute unter dem Begriff Cäsaropapismus zusammenfassen, dem Primat des Herrschers auch in kirchlichen Angelegenheiten.

Als am Ostersonntag des Jahres 999 Gerbert von Ravenna als Silvester II. den päpstlichen Thron bestieg, konnte dessen Name als Programm aufgefaßt werden: Er verstand sich als Nachfolger jenes Silvester, der Konstantin getauft und vom Aussatz befreit haben sollte. Auf der anderen Seite stand Otto als Nachfolger Konstantins. Dies ergab für den Kaiser ein Dilemma, in das ihn die ‚Konstantinische Schenkung' gebracht hatte; diese Tradition einer kaiserlichen Gunst war praktisch nicht zu wiederholen, da der Papst bereits vieles besaß. Dennoch wollte Otto in der imperialen Nachfolge Konstantins stehen, wollte gegenüber der Kirche wie Konstantin auftreten, der dem Bischof von Rom, Silvester I., riesige Geschenke gemacht hatte. Um dies aber eigenständig zu tun, verfiel Otto III. konsequenterweise auf eine Lösung, bei der er allerdings keinen Nachahmer fand: Er verurteilte die ‚Konstantinische Schenkung' als Fälschung. Und dies tat er in einer Urkunde, in der er der römischen Kirche acht Grafschaften vermachte. Otto sah sich der üblichen Konstantin-Tradition verpflichtet und kam dennoch den Ansprüchen zuvor, die das Papsttum aufgrund der ‚Konstantinischen Schenkung' hätte stellen können. Indem er jene Tat leugnete, konnte er selbst konstantinische Größe zeigen.

Über seine angeblichen Schenkungen geriet Konstantin in die mittelalterlichen Auseinandersetzungen zwischen Kaiser und Papst, die im Investiturstreit gipfelten. Der kaiserlichen Seite war er der Urheber eines folgenschweren Irrtums, wie Walther von der Vogelweide (1170–1230) bemerkte (L. I 25, 11–15): Als „Künc Constantîn" dem römischen Bischof „sper, kriuz unde krône" überlassen hatte, da sei ein Engel durch den Himmel geflogen und habe laut geschrien: „owê, owê, zem dritten wê." König Manfred klagte 1256 über die „unüberlegten Schenkungen" eines ebenso „unüberlegten Konstantin", und Dante (1265–1321) urteilte über den Kaiser aus zeitgenössischer Erfahrung (*Über das Königtum* 2, 12, 8): „O glückliches Volk, o ruhmreiches Italien, wenn jener (Konstantin), der dein Imperium geschwächt hat, nie geboren worden wäre oder seine fromme Absicht ihn nicht getäuscht hätte."

Gegen den ‚guten' Konstantin steht somit der ‚böse'; dies allerdings nicht allein aufgrund seiner unüberlegten ‚Schenkung', sondern auch wegen des ‚Verrats' an Rom. Hier ist er der griechische Ränkeschmied, der bis zum letzten Augenblick seine unrechtmäßige Reichsgründung in Konstantinopel verteidigen wollte. Der Arianer, Bastard und Usurpator – all dies war Konstantin ja auch gewesen – hatte das römische Reich im Stich gelassen und das griechische vorgezogen. Rom hatte diesen Ausländer wie eine Amme aufgenommen und ihm den höchsten Thron auf Erden anvertraut. Er aber hatte die Stadt wie eine Verbrecherin bestraft und ihren Adel gezwungen, Griechen zu werden; mit diesem Resumee bei Gottfried von Viterbo († ca. 1200) erreichte die negative Konstantin-

Deutung im Westen ihren Höhepunkt, als das Reich der Staufer im Gegensatz zu dem von Byzanz stand.

In Byzanz aber und in der oströmisch-byzantinischen Kirche blieb Konstantins Nachruhm ungetrübt. Hier bildeten seit seiner Regierungszeit Staat und Kirche eine Symphonie, waren voneinander untrennbar, gleichsam zwei Erscheinungsformen eines einzigen Phänomens: der Christenheit. Am Ende dieser Entwicklung zählte der ‚apostelgleiche' Herrscher zusammen mit seiner Mutter Helena zu den Heiligen. Aufbauend auf einer breiten volkstümlichen Überlieferung überstand dieses östliche Konstantin-Bild das Ende des byzantinischen Reiches und blieb darüber hinaus auch politisch wirksam: Der zweite Enkel Katharinas II. von Rußland (1762–1796) erhielt bei der Taufe den Namen Konstantin und sollte nach dem Wunsch seiner Großmutter die Herrschaft über ein griechisches Kaisertum erhalten, das sie nach der Vertreibung der Türken aus Europa errichten wollte.

Stammbäume

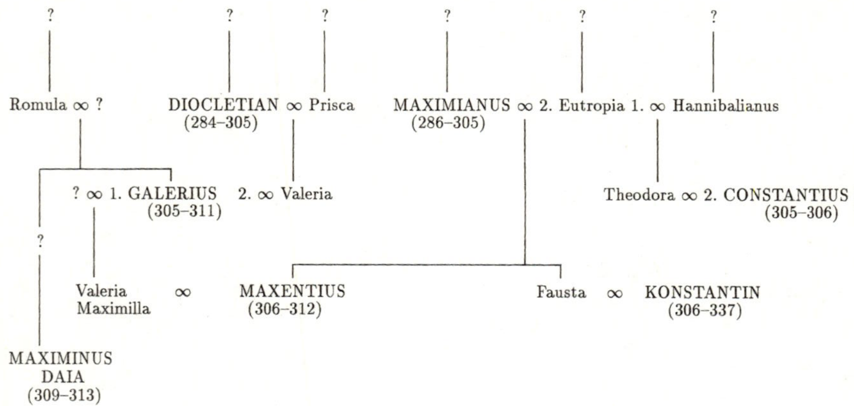

Abb. 9: Die Tetrarchen

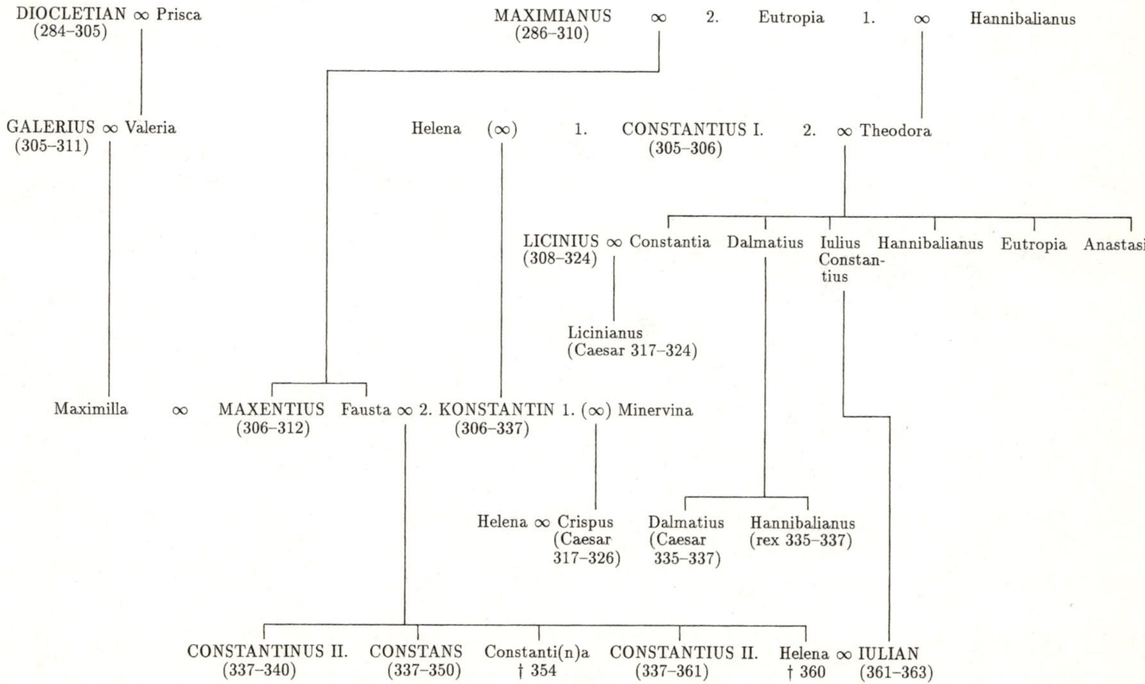

Abb. 10: Die konstantinische Dynastie

Zeittafel

268–270	Claudius Gothicus
270–275	Aurelian
284	Diocletian wird Kaiser
286	Maximianus wird zum *Augustus* des Westens ernannt
293	Constantius wird *Caesar* des Westens, Galerius *Caesar* des Ostens
296	Aufstand in Ägypten, Edikt gegen die Manichäer
297/98	Perserfeldzug Diocletians
303	Beginn der Christenverfolgungen
305	Abdankung Diocletians und Maximianus', Constantius *Augustus* des Westens, Galerius *Augustus* des Ostens, Severus und Maximinus Daia werden die jeweiligen *Caesares*; Geburt des Crispus
306	Tod Constantius', Severus wird *Augustus* des Westens, Konstantin und Maxentius ebenfalls *Augusti*
307	Gescheiterter Feldzug des Severus gegen Maxentius, Maximianus wird erneut *Augustus*, Heirat Konstantins mit Fausta
308	Gescheiterter Feldzug des Galerius gegen Maxentius, Kaiserkonferenz in Carnuntum, Abdankung des Maximianus, Licinius *Augustus* des Westens
310	Sieg Konstantins über die Germanen, Tod des Maximianus
311	Toleranzedikt und Tod des Galerius
312	Italienfeldzug Konstantins, Schlacht an der Milvischen Brücke, Tod des Maxentius
313	Absprachen des Konstantin und Licinius in Mailand, Licinius heiratet Constantia, Sieg Konstantins über die Franken, Licinius besiegt Maximinus Daia; Beginn des Donatistenstreits
315	Decennalien Konstantins, Einweihung des Triumphbogens in Rom
316	Bürgerkrieg zwischen Konstantin und Licinius; Tod Diocletians
317	Geburt Constantins II. und Constantius' II.; Licinianus, Crispus und Constantin II. *Caesares*
319	Beginn der Auseinandersetzungen um Arius
320	Geburt des Constans; Sieg des Crispus über die Alamannen
323	Konstantin greift auf das Gebiet des Licinius über
324	Zweiter Krieg zwischen Konstantin und Licinius, Schlacht von Chrysopolis, Licinius ermordet; Constantius II. *Caesar*
325	Konzil von Nicaea, Vicennalien Konstantins

326	Ermordung des Crispus und der Fausta, letzter Rombesuch Konstantins; Gründung Konstantinopels
330	Einweihung Konstantinopels
331	Geburt des späteren Kaisers Iulian
332	Gotenkrieg
333	Constans *Caesar*
335	Tricennalien Konstantins
337	Vorbereitungen zum Perserfeldzug, Tod Konstantins; gemeinsame Herrschaft Constantius' II., Constantins II. und Constans'

Kommentierte Kurzbibliographie

Gesamtdarstellungen

Die beiden Monographien von Timothy David Barnes, *Constantine and Eusebius*, Cambridge/Massachusetts – London 1981, und *The new empire of Diocletian and Constantine*, Cambridge/Mass. – London 1982, sowie die Studien von Thomas Grünewald, *Constantinus Maximus Augustus. Herrschaftspropaganda in der zeitgenössischen Überlieferung*, Stuttgart 1990; Charles Matson Odahl, *Constantine and the Christian Empire*, London – New York 2004; Noel Lenski (Hg.), *The Cambridge companion to the age of Constantine, Cambridge 2006* enthalten umfangreiche Bibliographien der Konstantin-Literatur der letzten anderthalb Jahrhunderte.

Eine Quellensammlung mit Übersetzungen zu allen Aspekten der Religionspolitik bietet Volkmar Keil, *Quellensammlung zur Religionspolitik Konstantins des Großen*, Darmstadt ²1995. – Die detailreichste und beste Gesamtdarstellung in deutscher Sprache ist immer noch die ‹klassische› Studie von Jacob Burckhardt, *Die Zeit Constantins des Großen*, Basel 1853/80 (seither zahlreiche Nachdrucke).

In den Forschungen zu Konstantin dominiert das Verhältnis des Kaisers zum Christentum. Damit steht die Auseinandersetzung mit Eusebius als dem christlichen Biographen Konstantins am Anfang jeder Beschäftigung mit dem ersten christlichen Herrscher. Wichtig ist in diesem Zusammenhang die sorgfältige Untersuchung von Friedhelm Winkelmann, *Euseb von Kaisareia. Der Vater der Kirchengeschichte*, Berlin 1991. Ein unentbehrliches Arbeitsinstrument ist der Kommentar der Lebensbeschreibung: *Eusebius, Life of Constantine. Introduction, translation and commentary*, hrsg. v. Averil Cameron – Stuart G. Hall, Oxford 1999. Das Bild Konstantins bei den späteren Kirchengeschichtsschreibern behandelt Hartmut Leppin, *Von Constantin dem Großen zu Theodosius II. Das christliche Kaisertum bei den Kirchenhistorikern Socrates, Sozomenus und Theodoret*, Göttingen 1996. Eine große Rolle in der Diskussion um die religiöse Haltung Constantins spielen die Münzen, die erstmals systematisch durch Hans von Schönebeck, *Beiträge zur Religionspolitik des Maxentius und Constantin*, Berlin 1939 (ND Aalen 1962), ausgewertet worden sind.

Ein knapper, doch ungemein gewichtiger Forschungsbeitrag ist die Abhandlung von Norman Hepburn Baynes aus dem Jahre 1929, *Konstantin der Große und die christliche Kirche*, jetzt zugänglich in: *Konstantin der Große*, hrsg. v. Heinrich Kraft, Darmstadt 1974, 145–174, der für die Behandlung der Persönlichkeit Konstantins grundlegende Thesen formuliert. Die Hinwendung zum Christentum arbeitet Klaus Martin Girardet, *Die Konstantinische Wende. Voraussetzungen und geistige Grundlagen der Religionspolitik Konstantins des Großen*, Darmstadt 2006, heraus. Einen wichtigen Forschungsüberblick bietet Adolf Martin Ritter, *Constantin und die Christen*, Zeitschrift für die Neutestamentliche Wissenschaft 87, 1996, 251–268.

Weitere Monographien zu Konstantin: Ramsay MacMullen, *Constantine*, London 1970; Bruno Bleckmann, *Konstantin der Große*, Reinbek ²2003; Hartwin Brandt, *Konstantin der Große. Der erste christliche Kaiser,* München 2006; Elisabeth Herrmann-Otto, *Konstantin der Große,* Darmstadt 2007.

Einzelaspekte

Für den Rombesuch Constantins im Jahre 326 gibt es die ausgezeichnete Untersuchung von Hans-Ulrich Wiemer, *Libanios und Zosimos über den Rom-Besuch Konstantins I. im Jahre 326*, Historia 43, 1994, 469–494.

Wichtige Überlegungen zu den Folgen des Toleranzedikts des Galerius finden sich bei Klaus Bringmann, *Die konstantinische Wende. Zum Verhältnis von politischer und religiöser Motivation*, Historische Zeitschrift 260, 1995, 21–47.

Die Bedeutung der Sonnensymbolik und des Sonnengottes für Konstantin behandelt Martin Wallraff, *Christus verus Sol. Sonnenverehrung und Christentum in der Spätantike,* Münster 2004.

Überzeugende Argumente für die Datierung der Schlacht von Cibalae bietet Christian Habicht, *Zur Geschichte des Kaisers Konstantin*, Hermes 86, 1958, 360–378.

Die Frauen des konstantinischen Hauses behandeln: Jan Willem Drijvers, *Helena Augusta. The mother of Constantine the great and the legend of her finding of the true cross*, Leiden u. a. 1992, sowie Manfred Clauss, *Die Frauen der diokletianisch-konstantinischen Zeit*, in: *Die Kaiserinnen Roms. Von Livia bis Theodora*, hrsg. v. H. Temporini-Gräfin Vitzthum, München 2002, 340–369.

Die Diskussion um ein Verbot heidnischer Opfer/Kulte im Jahre 324 findet sich bei Robert Malcolm Errington, *Constantine and the pagans*, Greek Roman and Byzantine Studies 29, 1988, 309–318, und Timothy David Barnes, *From toleration to repression: the evolution of Constantine's religious policies*, Scripta Classica Israelica 21, 2002, 189–207.

Zur Gründung und Bedeutung Konstantinopels: Hans-Georg Beck, *Konstantinopel – das neue Rom*, Gymnasium 71, 1964, 166–174. Konstantins Bauten in Rom stellt E. David Hunt, *Imperial building at Rome: the role of Constantine*, in: *Bread and circuses. Euergetism and municipal patronage in Roman Italy*, hrsg. v. Kathryn Lomas – Tim Cornell, New York 2003, 105–124, zusammen.

Einen Einstieg in die äußerst komplizierte Problematik des Steuersystems bietet Walter Goffart, *Caput and colonate. Towards a history of late Roman taxation*, Toronto 1974.

Die Ausformung des Hofzeremoniells behandelt Otto Treitinger, *Die oströmische Kaiser- und Reichsidee nach ihrer Gestaltung im höfischen*

Zeremoniell, Jena 1938 (ND Darmstadt 1956). Parallelen aus neuzeitlichen höfischen Gesellschaften und zugleich interessante Rückschlußmöglichkeiten auf die antiken Verhältnisse bietet die Darstellung von Norbert Elias, *Die höfische Gesellschaft. Untersuchungen zur Soziologie des Königtums und der höfischen Aristokratie mit einer Einleitung: Soziologie und Geschichtswissenschaft*, Darmstadt [5]1981.

Zur Geschichte des *arianischen Streites* verweise ich auf die entsprechenden Abschnitte im *Handbuch der Kirchengeschichte*, hrsg. v. Hubert Jedin – Karl Baus u. a., 7 Bde., Freiburg 1965–79; die Antike ist in den ersten beiden Bänden behandelt.

Die Rolle Konstantins als Leiter der Synoden und Konzilien behandeln Klaus Martin Girardet, *Kaiser Konstantin d.Gr. als Vorsitzender von Konzilien*, Gymnasium 98, 1991, 548–560, und Harold Allen Drake, *Constantine and the Bishops. The politics of intolerance,* Baltimore 2000.

Zum Perserfeldzug Konstantins vgl. Garth Fowden, *The last days of Constantine: oppositional versions and their influence*, Journal of Roman Studies 84, 1994, 146–170.

Zur Taufe Kaiser Konstantins liefert Heinrich Kraft, Studia Patristica 1, 1957, 642–648, einen schönen Überblick.

Eine ausführliche Analyse der Persönlichkeiten Konstantins und Eusebius' und der Darstellungsweise des Kirchenhistorikers bietet die oben genannte Studie von Barnes.

Die Rolle Konstantins als Heiliger behandeln mehrere Beiträge des Sammelbandes *Constantine. History, historiography and legend*, hrsg. v. Samuel N.C. Lieu – Dominic Montserrat, London – New York 1998.

Zur Konstantin-Rezeption: Eugen Ewig, *Das Bild Constantin des Großen in den ersten Jahrunderten des abendländischen Mittelalters*, Historisches Jahrbuch 75, 1956, 1–46; Werner Kaegi, *Vom Nachleben Constantins*, Schweizerische Zeitschrift für Geschichte 8, 1958, 289–326; Herwig Wolfram, *Constantin als Vorbild für den Herrscher des hochmittelalterlichen Reiches*, Mitteilungen des Instituts für österreichische Geschichtsforschung 68, 1960, 226–243; Andreas Goltz – Heinrich Schlange-Schöningen (Hgg.), Konstantin der Große. Das Bild des Kaisers im Wandel der Zeiten, Köln u.a. 2008.

Die im Rahmen der Konstantin-Ausstellungen von Rimini 2005 und Trier 2007 erschienenen Sammelbände bieten seine Fülle von Einzeluntersuchungen zu wichtigen Aspekten der Zeit und der Nachwirkung: Angela Donati – Giovanni Gentili (Hgg.), *Costantino il Grande. La civiltà antica al bivio tra Occidente e Oriente,* Mailand 2005; Alexander Demandt – Josef Engemann, *Konstantin der Große. Geschichte – Archäologie – Rezeption,* Trier 2006. Der Katalog zur Konstantin-Ausstellung in York 2006 konzentriert sich stark auf die Bedeutung des Kaisers für die Geschichte des antiken Britanniens: Elizabeth Hartley – Janes Hawkes – Martin Henig – Frances Mee (Hgg.), *Constantine the Great. York's Roman emperor,* York 2006.

Verzeichnis der Abbildungen

Abb. 1: Imperium Romanum.
Abb. 2: Labarum; Bronzemünze aus *Cons(tantinopel)* (2,2 Gramm; Rückseite; 2,6 : 1)
Abb. 3: Porphyrius, *Gedicht* 11; Iohannes Polara, *Publilii Optatiani Porfyrii carmina*, Bd. 1, Turin (Paravia & C.) 1973, 46
Abb. 4: Imperium Romanum mit den vier Präfekturbereichen (um 395)
Abb. 5: Ausschnitt aus der Tabula Peutingeriana
Abb. 6: Konsekrationsmünze Konstantins (*Solidus*) aus *Cons*(*tantinopel*) (4,5 Gramm; Rückseite; 2,8 : 1)
Abb. 7a: Silbermedaillon aus Ticinum (6,4 Gramm; Vorderseite; 1 : 1)
Abb. 7b: Goldmedaillon aus Ticinum (39,8 Gramm; Vorderseite; 1 : 1)
Abb. 8a–b: Kolossalstatue Konstantins. – a) Einzelne Körperteile (Visual Education Inc., Santa Barbara) und Fuß (Edizioni Indaco S.N.C., Rom) – b) Rekonstruktionszeichnung: Zeichnung von Jean Mazenod aus: Bernard Andreae, Art de l'Ancienne Rome, Paris (Citadelles et Mazenod) 1973
Abb. 9: Die Tetrarchen
Abb. 10: Die konstantinische Dynastie

Die Zeichnungen fertigte Frau Gertrud Seidensticker an.

Register

Die kursiv gesetzten Zahlen bei geographischen Begriffen verweisen auf Karten.

Achaia 57, *68*
Adoptivkaisertum 21
Adoratio 60, 62
Adrianopel 6, 43, 48
Africa 14, 24, 34, *68*, 78
Ägypten 6, 20
Alamannen 18, 51, 113
Allerheiligste 63
Ambrosius von Mailand 95
Ammianus Marcellinus 9
Anastasia 18, 44
Apollo 25f., 48, 97, 106
Aptungi 6, 77
Aquileia 6, 34
Araber 53
Arianismus 82f., 86
Arius 84
Arles 6, 23f.
Armenien 6, 53
Asylrecht 79
Augustus 105
Aurelian 40
Autun 6, 26, 41

Bithynien 19, *68*
Bosporus 33
Britannien 6, 14, 17, 20, 53, *68*
Byzanz 6, 43, 48, 61, 89, 111; vgl. *Konstantinopel*
Bürgerkrieg 22, 44

Caecilianus 78
Caesarea 6, 104
Carausius 18
Carnuntum 6, 23
Carpen 6, 52f.
Carthago 6, 78
Chlodwig 112
Christen, Christentum 16, 27, 43, 46, 49, 75, 92, 96, 99, 105, 120
Christogramm 35f., 38, 47, 102
Christus 41, 48, 87, 97, 106
Chrysopolis 6, 48, 75
Cibalae 6, 36, 44, 121
Cicero 15
Claudius Gothicus 12, 18, 25, 46, 106
Constans 56, 96
Constantia 18, 33, 42, 45, 48
Constanti(n)a 57
Constantin II. 45, 63, 96
Constantius 13, 17f., 21, 46, 106
Constantius II. 9, 48f., 95f.
Crispus 11, 45f., 48, 50

Dalmatius 18, 56f., 96
Dalmatius 9, 11
Dante 114
Decennalien 44
Decius 16, 27
Diocletian 13, 18, 20, 23, 51, 60, 62, 64, 73, 87
Dioskuren 91
Diözese 24, 44, *68*, 69
Donatisten 87
Donatus 78
Donau 6, 46, 51
Dreieinigkeit 97

Eboracum s. *York*
Eusebius 20, 22, 35, 56, 58, 70, 82, 94, 96, 111
Eutropia 18

Fausta 11, 23f., 45f., 49f.
Feldzeichen 36
Felix von Aptungi 77

Finanzverwaltung 65
Franken 18, 24, 44

Galerius 13, 17, 20, 22 f., 27, 31 f., 37
Gallien 6, 14, 24, *68*
Germanen 6, 53
Goten 6, 46, 52 f.,
Gottfried von Viterbo 114
Gottheit, höchste 40, 43 f., 50, 62, 77, 98, 100
Götzendienst 16, 29

Hannibalianus 18, 96
Hannibalianus 57
Heerwesen 2, 21, 29, 82
Heermeister 65
Helena 19, 49
Helenopolis 57, 107
Hellenismus 83
Hercules 13
Hispellum 6, 76
Hoftruppen 65
Hofzeremoniell 87

Insignien 63
Italien 14, 24, 34, *68*, 111
Iulian 19, 49, 95
Iulius Constantius 9, 11, 18 f., 49, 96
Iwan III. 93

Jordan 6, 97
Jupiter 13, 88

Kaiserkult 16, 62, 76
Kapitol 10, 12, 100
Karl der Große 112
Kirchenbauten 39, 83
Konstantiana Daphne 6, 51
Konstantin IV. Pogonatos 97
Konstantinische Schenkung 94, 111
Konstantinopel 51, 56, 58, *68*, 85, 90, 93, 96, 114; vgl. *Byzanz*
Konzil von Nicaea 82, 86
Kreuzigung 71
Köln 6, 24

Labarum 47
Laktanz 13, 22, 24, 33, 35
Lambaesis 6, 52
Lateran 36, 39
Lateranpalast 111
Libanius 10, 101
Licinianus 45
Licinius 22, 33, 42, 45 f., 48, 77, 86, 94, 101, 105
Liturgie 63
Lorenzo Valla 112
Ludwig der Blinde 112
Luidprand 61

Magie 73
Mailand 6, 42
Makedonien 57, *68*
Mars 14
Marseille 6, 24
Maxentius 22, 33, 37, 86
Maximianus 13 f., 17 f., 23 f., 44, 46, 106
Maximinus Daia 17, 19, 24, 33, 43
Meder 53
Mesopotamien 56
Milvische Brücke 9, 37
Mithras 30
Moses 20
Moskau 93
Mysteriengemeinschaft 16

Naissus 6, 19
Nero 11
Nicaea 6, 50, 76, 82, 85
Nikolaus von Kues 112
Nikomedien 6, 9, 57 f., 85, 94, 107
Noricum 14, *68*
Numidia 52, *68*

Orakel 63
Orgel 61
Orient 14, *68*
Origenes 83 f., 104
Otto I. 61, 112
Otto III. 113

Palästina 20, 30, *68*
Pannonien 24, 44, *68*, 82
Pecock, Reginald 112
Persien, Perser 6, 56
Perserkrieg 110
Philippopolis 6, 45
Philosophie 83
Philostorgius 96
Piraeus 6, 48
Pisidien *68*, 91
Plato 83
Plotin 83
Pola 6, 50
Provinzen 64
Prätorianer 22
Prätorianerpräfekt 18, 42, 65 f., 69
Purpur 60–63
Pythia Therma 57

Raetien 24, 68
Rechtsprechung 65
Reichsteilung 14
Ritter 65
Rom 6, 9, 15, 22, 34, 38, 42, 44, 50 f., *68*, 74, 80, 89, 94, 111
Romulus 9

Sakrileg 63
Sarmaten 46, 53
Saxa Rubra 37
Schutzgottheiten 14, 25
Segusio 6, 34
Senator 65
Serdica 6, 45, 58, 74
Severus 17, 19
Siegertitulatur 52
Sirmium 6, 45
Socrates 16
Sol 14, 88
Sol Invictus 40
Solidus 69
Sonnengott 25, 40 f., 46, 54, 76, 81, 102
Sonntagsruhe 81
Spalato 6, 23
Spanien 6, 14, *68*
Staatskirche 88
Stadtpräfekt 42, 55, 92
Statthalter 65
Steuern 65, 67
Symmachus 16
Synkretismus 99
Syrien 24, 57, *68*
Säcken 71

Termessos 6, 91
Tertullian 29
Tetrarchie 13, 25
Themistios 16
Theodora 18 f.
Theodosius 95
Thrakien 24, 44, 46, 57, *68*
Thron 61
Thronrat 59
Thronraum 61
Tiber 6, 38
Ticinum 6, 102
Toleranzedikt 104
Tricennalien 56, 105
Trier 6, 18, 23, 35, 51, 58
Triumphbogen 39, 43
Turin 6, 34
Türken 93

Usurpation 21
Usurpator 13

Valentinian II. 95
Valerian 28
Vatikan 39
Venedig 6, 14
Verfolgung 28, 77

Verona 6, 34, 39
Victoria 25, 40
Vikar 64, 69
Vision 25, 35, 48

Walther von der Vogelweide
114

York 6, 18, 20f., 113

Zensus 67
Zeremonie 61, 63
Zonaras 19
Zosimus 10, 65, 94
Zypern 6, 55

C.H.BECK WISSEN
in der Beck'schen Reihe

Zuletzt erschienen:

2218: Schmid, **Mozarts Opern**
2219: Brügge, **Jean Sibelius. Symphonien und symphonische Dichtungen**
2451: Hochgeschwender, **Der amerikanische Bürgerkrieg**
2457: Moosbauer, **Die Varusschlacht**
2458: Körner, **Die Wittelsbacher**
2459: Zwickel, **Das Heilige Land**
2460: Markowitsch, **Das Gedächtnis**
2461: Alter, **Die Windsors**
2462: Burkhardt, **Deutsche Geschichte der Frühen Neuzeit**
2463: Gerhard, **Frauenbewegung und Feminismus**
2464: Trabant, **Sprache**
2465: Hedderich, **Burnout**
2466: Maier, **Die Druiden**
2467: Meyer-Zwiffelhoffer, **Imperium Romanum**
2468: Werner-Jensen, **Joseph Haydn**
2469: Strohm, **Johannes Calvin**
2470: Möllers, **Das Grundgesetz**
2472: Sarnowsky, **Die Templer**
2473: Anz, **Franz Kafka**
2474: Edler, **Robert Schumann**
2475: Ehlers, **Der Hundertjährige Krieg**
2476: Kolb, **Bismarck**
2477: Mai, **Die Weimarer Republik**
2478: Nußberger, **Das Völkerrecht**
2479: von der Oelsnitz, **Management**
2480: Roelcke, **Geschichte der deutschen Sprache**
2503: Schwarz, **Giotto**
2505: Zöllner, **Botticelli**
2554: Reudenbach, **Die Kunst des Mittelalters I: 800 bis 1200**
2555: Niehr, **Die Kunst des Mittelalters II: 1200 bis 1500**
2560: Schneede, **Die Kunst der Klassischen Moderne**
2561: Ursprung, **Die Kunst der Gegenwart**
2571: Brinker, **Die chinesische Kunst**
2604: Hahn, **Geschichte Brandenburgs**
2609: Hauptmeyer, **Geschichte Niedersachsens**
2610: Nonn, **Geschichte Nordrhein-Westfalens**
2612: Behringer/Clemens, **Geschichte des Saarlandes**